VON HAITHABU NACH HADERSLEV

BARBARA POST
STEFAN LIPSKY

VON HAITHABU NACH HADERSLEV

TOURENBEGLEITER
von Schleswig-Holstein nach Dänemark

BOYENS

ISBN 978-3-8042-1537-5

Herstellung: Boyens Buchverlag
Layout und Gestaltung: Dörte Kromrei
Kartografie-Grundlage: Dr. Dirk Meier
Druck: BELTZ Bad Langensalza GmbH, Bad Langensalza
Printed in Germany

www.boyens-buchverlag.de

INHALT

Ein Kutter als Blickfang auf dem Weg an die Ostsee.

HERZLICH WILLKOMMEN!

Grenzenlos

An der Ostsee von der Wikingermetropole Haithabu ins dänische Haderslev (Hadersleben) – grenzenlos führt dieser neue Tourenbegleiter seine Leserinnen und Leser über die Landbrücke, auf der das deutsche Schleswig-Holstein und das dänische Jütland liegen.

War es bisher üblich, dass Reisende an der Grenze den einen Reiseführer zuklappen mussten, um den nächsten aufzuschlagen, so bietet dieses Buch Tipps, Kultur und Geschichte aus einem Guss – grenzenlos eben.

Von Haithabu nach Hadersleben

Zwischen diesen beiden Orten liegen nur 109 Autobahn-Kilometer, die in etwas mehr als einer Stunde zu bewältigen wären. Aber machen Sie es lieber wie unsere Vorfahren auf dem Ochsenweg, dem Vorläufer dieser Schnellstraße. Lassen Sie sich Zeit, genießen Sie die Schönheiten der Landschaft und die zahlreichen kulturellen und historischen Sehenswürdigkeiten dieser Region.

Ein Höhepunkt dieser Tour liegt bereits gleich am Anfang: In der geschichtsträchtigen Dom- und Museumsstadt Schleswig an der Schlei, der ersten Stadtgründung in Nordeuropa, sowie bei den benachbarten Stätten des UNESCO-Welterbes, der Wikinger-Metropole Haithabu und dem historischen Wallsystem Danewerk. In gleich zwei Museen wird hier die spannende Geschichte dieser Orte erzählt, auf den Wällen kann man sich die Geschichte selbst erwandern.

Über historische Schlachtfelder

Nach vielen Jahrhunderten friedlichen Zusammenlebens verschärfte sich die politische Situation 1864 so bedeutend, dass es zum Krieg zwischen Dänemark auf der einen Seite sowie Preußen und Österreich kam. Die entscheidende Schlacht wurde beim Dorf Dybbøl (Düppel) geschlagen, schon in Sichtweite der Hafenstadt Sønderborg (Sonderburg). Noch heute sind Schanzen und Befestigungsanlagen, aber auch Soldatenfriedhöfe in der Landschaft zu erkennen. In einem Museum wird die Geschichte dieser Konfrontation erzählt.

Abstecher nach Osten

Nach einem Abstecher auf die Halbinsel Als (Alsen) mit der Stadt Nordborg (Norburg) und seinem Schloss und dem Erlebnispark „Univers" geht's weiter Richtung Norden über die Schifffahrts- und Hafenstadt Aabenraa (Apenrade) nach der malerischen Dom-Stadt Haderslev (Hadersleben). Und weiter nach Christiansfeld, ebenfalls eine

Das malerische Fährhaus von Ballebro.

Stadt mit einer reichen Geschichte, die als UNESCO-Welterbe ausgezeichnet wurde.

Über den Ochsenweg zur Kongeå (Königsau)

Zum Abschluss werden die Orte links und rechts des alten Ochsenweges, der historischen Route des Viehtriebs von Nord-Jütland bis nach Hamburg, vorgestellt. In Dänemark heißt er hærvej (Heerweg). Bis zum Fluss Kongeå (Königsau), jahrhundertelang die Grenze zwischen dem Königreich Dänemark und dem Herzogtum Schleswig. Ab 1867 trennte er Dänemark von Preußen und von 1871 bis 1920 Dänemark von Deutschland. Nach dem Ende des Ersten Weltkriegs und einer Volksabstimmung verläuft die Grenze nun knapp nördlich von Flensburg. Mit Minderheiten im Norden wie im Süden leben die Menschen wieder – wie in früheren Zeiten – friedlich in einer gemeinsamen Region.

Nehmen Sie sich Zeit und genießen Sie diese Tour zu den Sehenswürdigkeiten entlang der Ostseeküste!

Barbara Post und Stefan Lipsky
März 2021

Nordfriesland
Angeln
Maasholm
Kappeln
Schleswig
SCHLEI
Schwansen
Husum
Haithabu
Hollingstedt
Eckernförde
Friedrichstadt
Seeth
TREENE
SORGE
EIDER
Dithmarsch
H

SCHLESWIG UND HAITHABU

Die erste Stadt in Nordeuropa

„Sliesthorp" wurde bereits im Jahr 804 zur Zeit Kaiser Karls des Großen in den Fränkischen Reichsannalen erwähnt – gemeint war damals allerdings **Haithabu (Haiðaby, neudänisch: Hedeby)**. Während der Wikingerzeit im 9. und 10. Jahrhundert entwickelte sich der Ort zu einem der wichtigsten Handelsplätze Nordeuropas. Haithabu, das die Sachsen **„Sleswic"** nannten und die Franken **„Sliesthorp"** wurde 1050 von Norwegern zerstört und 1066 von

Westslawen geplündert. Schleswig am Nordufer der Schlei löste die Wikingersiedlung Haithabu ab.

Bis heute nicht restlos geklärt ist die Frage, wie sich der Wechsel vollzog. Lange Zeit schien die Geschichte eindeutig: Die überlebenden Einwohner von Haithabu packten ihre Sachen und zogen um. Doch neuere Forschungen von Archäologen und Historikern lassen an dieser Version Zweifel aufkommen. Geschah der Übergang nicht vielleicht schleichend? Und wie lange könnten Schleswig auf der Nordseite der Schlei und

Haithabu nebeneinander existiert haben? Bisher gesicherte Erkenntnis der Archäologen: Ab etwa 1070 begann ein wahrer **Bauboom** auf der Schlei-Nordseite.

Als erster Ort in Nordeuropa entwickelte sich **Schleswig** mit seinem **Dom** und der **Königspfalz** zu einer richtigen Stadt, das heißt: zu einem Zentrum geistlicher und weltlicher Macht.

Zeitweilig gehörte Schleswig zu den bedeutendsten Häfen im Ostseeraum. Wie zuvor Haithabu wurden dort zum Beispiel russische Pelze gegen Handelswaren aus Flandern und vom Niederrhein getauscht – bis Lübeck der Stadt im 13. Jahrhundert den Rang ablief. Auf der **Möweninsel** befanden sich damals eine Burganlage und wohl auch die Zollstelle für den Hafen.

Die weiteren Etappen der mehr als 1000jährigen Geschichte: **Bischofsstadt** und **Residenz** der Herzöge von Schleswig-Holstein-Gottorf, Sitz der preußischen Provinzialregierung (1867 bis 1945/46). Beim Sängerfest 1844 ertönte in Schleswig zum ersten Mal das **Schleswig-Holstein-Lied**, Ausdruck der beginnenden nationalen Auseinandersetzungen jener Zeit. Heute ist die Stadt Sitz der wichtigsten Landesmuseen und Justizhauptstadt von Schleswig-Holstein.

Der **Dom** mit seinem erst 1894 fertig gestellten Turm, das **Schloss** und der lange Zeit heftig umstrittene **Wikingturm**, ein Wohnhochhaus (90 Meter) von 1974, bilden die Achsen des Stadtbilds, in der jede Epoche ihre Spuren hinterließ.

Der Dom St. Petri

Der Dom mit seinem 112 Meter hohen neugotischen Turm ist das weithin sichtbare Wahrzeichen der Stadt und zugleich Zeugnis ihrer jahrhundertealten Geschichte. Seit dem Jahr 948 war Haithabu/Schleswig – zeitgleich mit Ribe und Aarhus in Dänemark –

Der Schleswiger Dom.

Bischofssitz. Mit dem Bau des St. Petri-Doms wurde um das Jahr 1100 begonnen; zunächst als dreischiffiger, flach gedeckter Basilika aus Tuffstein und Granitblöcken. Hinter dem heutigen Bild der gotischen Backsteinkirche verbergen sich an mehreren Stellen Spuren des romanischen Baus.

Urkundlich erwähnt wurde der Dom zum ersten Mal im Jahr 1134 im Zusammenhang mit dem Mord am dänischen König Niels. Nach einer verlorenen Seeschlacht an der Südküste Schonens, während erbitterter Kämpfe um die dänische Thronfolge, war Niels nach Schleswig geflüchtet. Das wurde ihm zum Verhängnis. Der Auslöser der Auseinandersetzungen: Niels' Sohn Magnus hatte seinen Vetter (und möglichen Thron-Konkurrenten), den Schleswiger Jarl Knud Laward (1096 bis 1131) töten lassen. Mit dem Mord an König Niels rächte die Schleswiger Knudsgilde, einflussreiche Schutzbruderschaft der Kaufleute, diese

Bildquader aus dem 12. Jahrhundert.

Tat. Als **Waldemar I**. kam im Jahr 1157 Knuds Sohn auf den dänischen Thron.

Aus der ersten Bauphase des Doms im 12. Jahrhunderts stammen fünf **Bildquader** mit archaischen Löwen-Darstellungen, heute in der „Löwengrube" aufbewahrt. Mit gebleckten Zähnen stehen die Raubtiere über ihrer Beute, Stieren oder Kälbern. Als Symbol für den Kampf des Guten gegen das Böse „bewachten" sie ursprünglich die Eingänge zum Dom. Das älteste erhaltene Portal ist das **„Petriportal"** von 1180 (rundbogiges Stufenportal mit sechs Säulen) auf der Südseite des romanischen Querhauses. Im Tympanon ist neben Christus und den Aposteln Petrus und Paulus vermutlich **König Waldemar I**. (reg. bis 1182), der Erbauer der Ziegelmauer am Danewerk, als einer der Kirchenstifter zu sehen. In demütig gebückter Haltung trägt er das Modell einer Kirche mit zwei Türmen in den Händen.

Zu Beginn des 14. Jahrhunderts wurde nördlich des Langhauses der dreiflügelige Kreuzgang, genannt Schwahl („kühler Gang"), erbaut. Das Bauwerk wurde mit Wandmalereien aus dem Leben Jesu und grotesken Deckenmalereien verziert, die heute zu den wertvollsten aus dieser Zeit in Schleswig-Holstein gelten.

Größter Kunstschatz des Doms ist der **Brüggemann- oder auch Bordesholmer Altar** von 1521, der 1666 aus der Bordesholmer Stiftskirche nach Schleswig überführt wurde. Der sieben Meter hohe und 13 Meter breite Hochaltar aus baltischem

Der Brüggemann-Altar aus dem Jahr 1521.

Eichenholz wurde in sieben Jahren Arbeit vom Meister Hans Brüggemann erschaffen. Mit fast 400 geschnitzten Gestalten zählt er zu den bedeutendsten Flügelretabeln des ausgehenden Mittelalters in Deutschland. Die Errichtung des historisch bedeutenden **Marmor-Kenotaphs** (symbolisches leeres Grabmal) von König Friedrich I., des Stifters des Bordesholmer Altars, im Jahr 1555 geschaffen vom Niederländer Cornelius Floris, machte die Bischofskirche zur fürstlichen Grablege.

Bereits 1875 wurde verkündet, dass auf „allerhöchste Entscheidung" von Kaiser Wilhelm I., der Dom einen neuen **Turm** erhalten solle. Acht Jahre später gab eine „Königliche Kabinettsorder" bekannt, dass der Turmbau sich verzögere, weil angrenzende Grundstücke noch nicht erworben werden konnten. Weitere fünf Jahre später, am 7. Januar 1888, wurden von Wilhelms Nachfolger, dem „99-Tage-Kaiser" Friedrich III., 469 000 Mark für den Turmbau bewilligt. Außerdem sollte die Kirche grundlegend renoviert werden. Am 8. August 1888 erfolgte die feierliche Grundsteinlegung und am 25. Oktober 1894 die prunkvolle Einweihung in Gegenwart von

13

Kaiserin Auguste Viktoria, der Gemahlin des nun regierenden Kaisers Wilhelm II. Der Schleswiger Dom hatte jetzt neben dem Turm einen neuen Dachreiter, zwei Chortürme und 33 Buntglasfenster bekommen; die mittelalterlichen Gewölbemalereien waren wieder freigelegt. 1939/41 wurde der Mitte des 19. Jahrhunderts entfernte Lettner (Chorschranke) wiederaufgebaut.

Seit November 2017 wird der Turm für ca. 20 Millionen Euro von Grund auf restauriert, da dieser und die Westwand massive Feuchtigkeitsschäden aufweisen. Über 120 000 Ziegelsteine der Fassade müssen ausgetauscht, Rostschäden an den Eisen der Glasfenster beseitigt werden. Die Eckpfeiler des Turms werden künftig durch eine Kupferabdeckung vor Regenwasser geschützt.

Dom St. Petri
Süderdomstraße 2, 24837 Schleswig
www.mein-schleswiger-dom.de

Die Altstadt rund um den Dom

Ein Spaziergang durch die idyllische Altstadt ist ein Ausflug in die Geschichte. Nach einer Serie von Ausgrabungen, unter anderem in der Plessenstraße, der Hafenstraße und dem Hafengang, fügen sich die Ergebnisse zu einem Grundriss der frühen Altstadt: So waren die Ufergrundstücke in eine Reihe schmaler Parzellen geteilt, davor führte ab der 1080er Jahre ein Bohlenweg entlang. Mit Reisig und Mist aufgefüllte **Spundwandkästen** ragten in die Schlei hinein. Sie sorgten für mehr Platz auf der im Vergleich zu Haithabu sehr viel engeren Altstadthalbinsel, dienten unterschiedlichen Hafenaktivitäten und zugleich wohl auch als Marktplatz. Aber erst, als sie so weit in die Schlei hineinwuchsen, dass an der Spitze Wassertiefen zwischen 0,8 und zwei Metern erreicht wurden, konnten dort auch Schiffe anlegen. Bei Ausgrabungen im Jahr 2005 wurden in der Norderdomstraße in drei Metern Tiefe Überreste von einem Schiffbauplatz vom Ende des 12. Jahrhunderts entdeckt.

Auch das **Rathaus** (Rathausmarkt 1) steht auf geschichtsträchtigem Boden. Von ca.

Der Schleswiger „Wikingturm".

Das Schleswiger Rathaus aus dem Jahr 1794.

1050 bis 1200 stand an der Stelle eine **dänische Königspfalz** („Aula regia"). Danach folgte ein Franziskanerkloster, das 1234 geweiht wurde. Da die Mönche graue Kutten trugen, wurde die Einrichtung auch „Graukloster" genannt. Nach der Reformation, etwa um 1528, wurde das Kloster in ein städtisches Armenstift umgewandelt, das bis 1975 bestand. An der Stelle der 1793 abgerissenen romanischen Klosterkirche des 13. Jahrhunderts steht heute das Rathaus von 1794. In der Nordwand finden sich noch Mauerreste der Kirche des ehemaligen Grauklosters. Im Erdgeschoss des Nordostflügels des

Wand-Fresko im Gotischen Saal.

15

Die Hof-Apotheke aus dem Jahr 1517 am Rathausmarkt.

Das Königsteinsche Palais am Dom.

Klosters, heute Teil des Rathauses, befindet sich der **Gotische Saal** mit mittelalterlichen Wandfresken, darunter eine Kreuzigungsgruppe aus dem 13. Jahrhundert sowie ein Schauraum mit Blick auf die historischen Grundmauern des Königshofs und einer unterirdischen Heizungsanlage (Steinofen-Luftheizung).

Eine Besichtigung des Klosters ist im Rahmen von Stadtführungen möglich, der Gotische Saal dient auch als Trauzimmer.

Im **Ständesaal** des Rathauses tagte von 1836 bis 1846 die Schleswig-Holsteinische Ständeversammlung; von Oktober 1848 bis August 1849 die Schleswig-Holsteinische Landesversammlung und von 1879 bis 1904 der Schleswig-Holsteinische Provinziallandtag.

Die ehemalige **„Hof-Apotheke"** am **Rathausmarkt 14** aus dem Jahr 1517 ist eines der ältesten erhaltenen Häuser der Stadt. Der Gottorfer Herzog und dänische König Friedrich I. ließ das zweigeschossige Backstein-Traufenhaus auf dem Grundstück der vormaligen Altstädter Knudsgilde von 1449, zu der Zeit eine Vereinigung skandinavischer Kaufleute, erbauen. Darunter befindet sich noch ein Gewölbekeller aus dem Jahr 1470. Heute werden die Räume von einem Café und einem Ladengeschäft genutzt.

www.keramikstube-schleswig.de

Bischofspalast, **Königsteinsches Palais** oder Rumohrenhof – so unterschiedliche Namen trug das Gebäude **Norderdomstraße 15** nach seinen wechselnden Besitzern. Solange das katholische Bistum Schleswig bestand, bildete der Hof den Mittelpunkt der bischöflichen Güterverwaltung. Die Ursprünge des Baus gehen auf die Mitte des 15. Jahrhunderts zurück. Nach Auflösung des Domkapitels 1773 wurde der Hof an Baron Johann Ludwig Pincier von Königstein verkauft, der dem zweigeschossigen Backstein-Gebäude die jetzige Gestalt geben ließ. Seit Januar 2006 ist der Bischofshof wieder in kirchlichem Besitz (Kirchenkreisverwaltung).

Gegenüber, im **Plessenhof** von 1798, ist die **Touristinformation** untergebracht.

Der Plessenhof aus dem Jahr 1798.

Nach 1867 residierte in dem Gebäude der erste preußische Landrat Baron Hugo von Plessen.

Auch rund um die **Süderdomstraße** mit dem ehemaligen Hattenschen Hof (16./17. Jahrhundert) und dem Marienhospital von 1790 sowie in der **Pastorenstraße** hat

Der Hattensche Hof in der Süderdomstraße.

17

Portal des Schmiedenhofs.

eine Reihe alter Häuser die Zeiten überstanden. Barocke Bürgerhäuser sind in der **Langen Straße** erhalten, eines der prächtigsten: Das Haus Nummer 9.

Vom herzoglichen Kellermeister und Weinhändler Hans David Freins oder Freintzen wurde im Jahr 1663 das Haus **Gallberg 3** erbaut. Das zweigeschossige Haus, dessen Backsteinfassade durch reiches Ornamentwerk geschmückt wird, entstand im Stil des niederländischen Barocks. Heute beherbergt das ehemalige **Freins'sche Haus** Teile des Stadtbauamtes. Der **Schmiedenhof, (Gallberg 4)**, ein zweigeschossiges, fünfachsiges

Traufenhaus, wurde 1662 von Amtsinspektor Joachim Schmieden (Schmidt) erbaut. Das Haus ist in städtischem Besitz und beherbergt weitere Teile des Stadtbauamtes.

Fischersiedlung Holm – Der Friedhof im Zentrum

Östlich der Altstadt liegt die malerische Fischersiedlung **Holm** mit Häusern des 18. und 19. Jahrhunderts rund um einen zentralen Friedhof mit einer Kapelle aus dem Jahr 1876. Schon um das Jahr 1000 sollen dort Fischer gesiedelt haben, im Jahr 1309 wurde die Siedlung zum ersten Mal erwähnt. Seit 1480 besaßen die Fischer der 1933 landfest gemachten kleinen Insel (dänisch: Holm) ein Monopol auf den Fang von Schleifisch zwischen Arnis und Schleswig.

Der **Friedhof** wurde 1603 als Mittelpunkt der Fischersiedlung angelegt und ging später in den Besitz der 1650 gegründeten der Sterbegilde **Holmer Beliebung** über, heute ein Versicherungsverein auf Gegenseitigkeit. Eingerahmt wird der Friedhof von

Der Holmer Friedhof.

einer Lindenallee und einem gusseisernen Gitter aus dem Jahr 1863. Um den Platz gruppiert sich eine Reihe eingeschossiger Wohnhäuser zum Teil des 18. Jahrhunderts. Besonderes Merkmal dieser Häuser sind die „Utluchten", aus denen den Bewohnern Ausblicke zu beiden Straßenseiten möglich waren.

Das **Holm-Museum** als Ableger des Stadtmuseums dokumentiert die Geschichte des Viertels.

Süderholmstraße 2, 24837 Schleswig
www.Stadtmuseum-Schleswig.de/
das-holm-museum

St. Johannis
800 Jahre Klostergeschichte

Das ehemalige Benediktinerinnen-Kloster geht auf eine Gründung des Jahres 1194 zurück. Es gilt als der besterhaltene mittelalterliche Klosterkomplex in Schleswig-Holstein. Die einschiffige Tuffsteinkirche auf einem Feldsteinfundament noch aus der Zeit um 1170 stammt bereits von einem Vorgänger-Kloster. Erhalten sind Kreuzgang, Remter, und Kapitelsaal. Im Inneren der Kirche ein spätgotisches Kreuzrippengewölbe und gotische Kalkmalereien aus der Zeit um 1280. Der Altar stammt aus dem Jahr 1715, die Kanzel von 1717, und die Nonnenempore im Ursprung aus dem Jahr 1240. Das Kloster besitzt eine historisch wertvolle Uhrenanlage aus dem Jahr 1520.

Nach der Reformation erfolgte 1542 die Umwandlung in ein adeliges evangelisches Damenstift, in dem unverheiratete Töchter aus Adelshäusern des Landes ein lebenslanges Wohnrecht genossen. Das gilt bis heute.

Zur Kloster-Anlage gehören das Haus des **Klosterprobsten** (des Verwalters), das ehemalige **Priörinnenhaus**, das **Konven-**

Das ehemalige Benediktinerinnen-Kloster St. Johannis.

19

tualinnenhaus und das Klösterliche Amtshaus, außerdem das ehemalige Pastorat und Wohnhäuser aus dem Jahr 1776, die zum Teil vermietet sind. Das ehemalige Probstenhaus von 1754 (der Probst war der Verwalter) beherbergt das Bibelzentrum der Nordelbischen Kirche. Der angrenzende **Bibelgarten** mit Symbolpflanzen der jüdisch-christlichen Tradition und Pflanzen der Bibel wurde 1996/1997 angelegt.

Das Klostergelände ist frei zugänglich, Kirche, Remter und Kapitelsaal sind es nur im Rahmen einer Führung.

Am St.-Johannis-Kloster, 24837 Schleswig
www.st-johannis-kloster.de

Östlich des Holms und des Klosters wächst das neue Wohnviertel **„Auf der Freiheit".**

Das 56 Hektar große ehemalige Militärgelände ist eines der größten Konversionsprojekte des Landes. Direkt an der Schlei sind Wohnungen und Terrassenhäuser entstanden, eines der Gebäude der 1930er Jahre wurde zu einem Hotel, ein Yachthafen ist geplant. Leuchtturm des neuen Viertels ist die dänische **„A.P.Møller Skolen".** Die für 500 Schüler angelegte Gemeinschaftsschule mit Gymnasium ist ein Geschenk der Stiftung des dänischen Reeders Mærsk Mc-Kinney Møller. Zur Einweihung des 60 Millionen Euro teuren Neubaus kam die dänische Königin Margrethe II.

Schloss Gottorf
Kulturelles Zentrum Nordeuropas
Zwischen der ersten schriftlichen Erwähnung und der Entscheidung, Schloss Got-

Moderne Gemeinschaftsschule – die dänische A.P. Møller Skolen.

torf zum Sitz zweier großer Landesmuseen zu machen, liegt eine rund 800-jährige wechselvolle Geschichte. Eine mittelalterliche **Wasserburg** auf einer Schlei-Insel diente nach 1161 als Bischofssitz. Das Schloss, wie es heute auf der Schleswiger Museumsinsel steht, besaß mehrere Vorläuferbauten, die ursprünglich der Bewachung des schmalen Landweges dienten.

Erstmals erwähnt wurde die Burg Gottorf unter Bischof Occo um 1160. Sie wurde zunächst zur Residenz und Festung der Schleswiger Bischöfe. Im Jahr 1460 wurde der dänische König Christian zum Herzog von Schleswig und Grafen von Holstein gewählt. Damit fiel ihm auch Gottorf zu. Christians Sohn Friedrich I. residierte als Herzog von Schleswig ebenfalls auf Gottorf. Nachdem 1492 ein Brand weite Teile der Residenz vernichtet hatte, begann Friedrich I. in mehreren Etappen mit dem Wiederaufbau. Aus der Zeit um 1500 stammt die **„Gotische Halle"**, heute einer der ältesten Säle des Schlosses. Auch als Friedrich im Jahr 1523 König von Dänemark wurde, behielt er Gottorf als Hauptresidenz bei. Ab 1530 ließ er den Westflügel des Schlosses im Stil der Frührenaissance errichten, es war der erste Renaissancebau nördlich der Elbe.

Der mächtige Vierflügelbau mit seiner barocken Schauseite war im 16. und 17. Jahrhundert eines der herausragenden kulturellen Zentren Nordeuropas. Aus dem Jahr 1590 stammen die kunsthistorisch bedeutsame **Schlosskapelle**, eine einschiffige

Saalkirche, und der **Hirschsaal** (1595) im dreigeschossigen Nordflügel. Die reich mit Intarsien ausgestattete **Herzogliche Betstube** stammt aus dem Jahr 1612. Die prächtige Renaissance-Fassade im Hof wurde erst nach 1978 wieder freigelegt.

Bei einer Teilung der Herzogtümer Schleswig und Holstein unter den Söhnen Christians III. entstand 1544 das Herzogtum

Kulturzentrum Schloss Gottorf.

21

Eine Moorleiche als Zuschauermagnet – das „Kind von Windeby".

Schleswig-Holstein-Gottorf, das dem jüngsten Sohn Adolf zufiel.

Unter seinem Enkel Herzog Friedrich III. (1597–1656) entwickelte sich Gottorf zu einem der bedeutendsten Fürstenhöfe der Epoche. Der **Gottorfer Riesenglobus, der Barock-Garten** und die reichen Sammlungen der **Kunstkammer** sowie der **Bibliothek** waren weithin berühmt. Der kulturelle Austausch wurde gefördert und Künstler von weit her an den Hof geholt, ebenso wurden Handlungsreisende und Expeditionen bis in den Orient gesandt. Im Laufe des 17. Jahrhunderts wurden die Verbindungen zum mächtigen Königreich Schweden immer enger, während sich das Verhältnis zu Dänemark verschlechterte.

Nach dem Ende der Gottorfer Herrschaft 1713 im Großen Nordischen Krieg wurde der größte Teil des Schlossinventars, darunter die Kunstkammer und die Bibliothek, nach Kopenhagen verbracht. 1840 wurden die Wälle geschleift, und nach 1853 diente das Schloss als dänische Kaserne.1867 übernahm Preußen die Anlage und führte sie als Kaserne fort. Seit 1947 befinden sich die Schleswig-Holsteinischen Landesmuseen auf Gottorf. Das Schloss ist Sitz des **Museums für Kunst und Kulturgeschichte** sowie des **Museums für Archäologie**, das in über 175 Jahren eine der größten Sammlungen Europas aufgebaut hat. Es ist Archiv für 120 000 Jahre Landesgeschichte und Schaufenster der aktuellen Forschung. Gruseliger Anziehungspunkt für viele Besucher sind die bis zu 2500 Jahre alten mumifizierten **Moorleichen.**

Das **Museum für Kunst und Kulturgeschichte** gehört zum größten Museumskomplex zwischen Hamburg und Kopenhagen. Die Spannbreite der rund 120 000 Exponate reicht von mittelalterlicher Kirchenkunst bis zu moderner Malerei.

Bis 2028 sollen die Einrichtungen auf der Museumsinsel nach einem „Masterplan" den Erfordernissen an ein zeitgemäßes Ausstellungshaus angepasst werden. Mithilfe eines transparenten Glasanbaus werden klar strukturierte Rundgänge und eine neue Eingangs-Situation geschaffen.

Nydamhalle

Mit dem **Nydam-Boot** besitzt das Landesmuseum eines der bedeutendsten archäologischen Zeugnisse Nordeuropas. Das germanische Eichenboot aus den Jahren um 320 n. Chr. gilt nicht nur als das **älteste erhaltene Ruderschiff** aus der Germanenzeit, es ist auch weltweit eines der ältesten erhaltenen Boote überhaupt. Ausgegraben wurde es 1863 vom Lehrer Conrad Engelhard im Nydam Moor am Alsensund (heute Dänemark). Wie es ihm gelang, ohne moderne chemische Hilfsmittel das 23 Meter lange Schiff zu konservieren, ist den Archäologen bis heute ein Rätsel. Das Boot war ausgelegt für 30 Ruderer, Segel waren damals im Norden noch unbekannt. Was Archäologen und Historiker gleichermaßen fasziniert: An bestimmten Teilen lässt sich römischer Einfluss erkennen. Die Seeleute aus dem Norden müssen daher die Möglichkeit gehabt haben, römischen Schiffbau zu studieren. Mit Fahrzeugen wie dem Nydam-Boot setzten Angeln und Sachsen im 4. Jahrhundert auch nach Großbritannien über.

Im Schloss selbst zeigt das **Archäologische Landesmuseum** weitere Exponate

Ältestes Ruderschiff aus der Zeit der Germanen – das Nydam-Boot.

aus dem **Nydam Moor** und dem eisenzeitlichen Opferplatz **Thorsberger Moor** in Süderbrarup, in dem Waffen und Ausrüstungen von Kriegern versenkt wurden. Die ältesten Funde stammen aus der Zeit um Christi Geburt, um 300 n. Chr. wurden die letzten Opfergaben im Moor versenkt. Zu den herausragenden Objekten zählt unter anderem eine silberne Gesichtsmaske als Teil eines prachtvollen germanischen Helmes. Nach Ansicht der Fachleute kann er nur mit Kenntnis von römischen Vorbildern angefertigt worden sein. Eine Reihe goldener Schlangenkopfarmreifen wurde vor ihrer Opferung im Moor in Einzelstücke zerschlagen. Pferdegeschirr, das in großen Mengen versenkt wurde, deutet auf wohlhabende Angehörige militärischer Eliten hin, und es lässt zudem deutliche Verbindungen zu römischem Zaumzeug erkennen.

Kreuzstall

Der 1853 gebaute Kreuzstall ist Mittelpunkt einer symmetrisch angeordneten Gruppe von Pferdeställen, die von der dä-

Die herrschaftliche Schlossanlage von Gottorf auf einen Blick.

nischen Krone angelegt und später von Preußen ausgebaut wurden. Anfang der 1970er Jahre sollte das Gebäude abgerissen werden. Der Kreuzstall wurde jedoch gerettet, 1982 bis 1985 restauriert und dient heute als Ausstellungsraum für Kunst und Design des 20. Jahrhunderts.

Das Nachbargebäude beherbergt die **„Galerie der klassischen Moderne"**. Dazu zählen die Norddeutsche Galerie und die auf 450 Werke gewachsene Stiftung Horn mit dem Schwerpunkt deutscher Expressionismus (Emil Nolde, Ernst Barlach, Christian Rohlfs) sowie der „Brücke" (Karl Schmidt-Rottluff, Erich Heckel, Max Pechstein).

Neuwerkgarten oder Fürstengarten

Die 1660 angelegte Königsallee verbindet das Schlossgelände mit dem Garten. Rund 800 Meter hinter dem Schloss liegt der 2007 rekonstruierte Barockgarten, der erste italienische Terrassengarten nördlich der Alpen. Er war einst berühmt für seine exotische Artenvielfalt mit über 1200 verschiedenen Pflanzen aus aller Welt. Zur Hoch- und Glanzzeit des Gottofer Hofes wurde dieser im Norden einzigartige Garten ab 1637 von Garteninspektor Johannes Clodius und dem Hofgärtner Michael Gabriel Tatter angelegt: Östlich am Hang ein korinthischer Tempel aus dem Jahr 1693 mit einer mehrstufigen Kaskade hangabwärts. Am Fuß des Gartens der Herkulesteich mit der Skulpturengruppe um Herkules und die Schlange Hydra. Nach 1713, dem Ende der Gottorfer Herrschaft, verfiel der Garten und wurde nach dem Zweiten Weltkrieg aufgeforstet. Erst Ende der 1980er Jahre ist der historische Barockgarten wiederhergestellt worden.

Globushaus

Im Jahr 1651 ließ Herzog Friedrich III. ein dreistöckiges „Lusthaus" („Friedrichsburg") in den Schlossgarten bauen. Dieses Gebäude sollte den zur selben Zeit entstandenen Gottorfer Globus beherbergen. Für dieses drei Meter breite astronomische Wunderwerk, geschaffen vom Schleswiger Andreas Bösch, musste das bereits im Rohbau fertige Gebäude erweitert werden.

Der begehbare Gottorfer Globus.

Später erhielt der russische **Zar Peter der Große** den Globus vom dänischen König Frederik IV. zum Geschenk. Im Jahr 1717 traf das Wunderwerk in St. Petersburg ein, wo es noch heute steht. Die Friedrichburg wurde 1769 abgerissen.

350 Jahre später, im Zuge der Renovierung des Barockgartens, wurde 2005 ein neues Haus für einen Nachbau des Globus errichtet.

Schloss Gottorf
Schlossinsel 1, 24837 Schleswig
www.schloss-gottorf.de

Stadtweg / Lollfuß
Bürgerhäuser und Adelspalais

Es dauerte lange, bis zwischen Dom und Altstadt im Osten und dem Schloss im Westen eine geschlossene Bebauung gewachsen war. Das Schloss entwickelte dabei zeitweise eine wirtschaftlich höhere Anziehungskraft als die Altstadt. So ent-

Der Heespen-Hof, heute Amtsgericht.

standen nach und nach auf dem Lollfuß Adelshöfe sowie schmale Bürgerhäuser, die die Straße bis heute charakterisieren. Dabei gehörte sie nicht einmal zur Stadt Schleswig. Erst 1711 wurde sie mit den Siedlungen Lollfuß und Friedrichsberg zu einer „combinierten Stadt" zusammengeschlossen. Über den Ursprung des merkwürdigen Namens gibt es nur Theorien. Eine von vielen besagt, dass dahinter der Begriff „Loll" für die Quellen am Hang stehen könnte.

Neben den Wohn- und Geschäftshäusern des 18. Jahrhunderts stehen am Lollfuß zwei Adelspalais: Der **Brockdorffsche Hof** (Lollfuß 76) aus dem frühen 18. Jahrhundert und der **Heespen-Hof** (Lollfuß 78), der 1754 als letztes Adelspalais des Barocks in Schleswig von Christian Friedrich von Heespen in Auftrag gegeben wurde. Das Palais wurde 1869 Sitz des preußischen Kriegsgerichts, jetzt beherbergt es das Amtsgericht.

Erbauer des Hauses Lollfuß 102 war im Jahr 1699 vermutlich **Christoffer Dehio**, ein zugewanderter holländischer Mechaniker und Zimmermann, der dort auch eine Werkstatt betrieb. **Zar Peter der Große** machte Dehio 1713 zu seinem Globusmeister, der die Kugel nach Sankt Petersburg begleitete, wo sie nach vierjähriger Reise 1717 eintraf.

Als **Wohn- und Zollhaus** wurde das Haus Lollfuß 110 im Jahr 1754 errichtet. Heute wird der gelbe Backsteinbau als Hotel genutzt.

Der im Osten anschließende **Stadtweg** ist Schleswigs Fußgängerzone. Dort liegt der niedrige Bau des **Präsidentenklosters**, 1656 vom gottorfischen Kanzler Joh. Adolf Kielmann von Kielmannseck als Armenstift gebaut mit zwölf Kammern für fünf Männer und fünf Frauen sowie Bedienstete. In der Hausmitte befindet sich eine Kapelle mit spätgotischem Altar und barocker Schrankorgel. Heute beherbergt es als Dependance des Stadtmuseums das „Museum für Outsiderkunst" und die „Ostdeutsche Heimatstube".
Museum für Outsiderkunst,
Stadtweg 57, 24837 Schleswig
www.stadtmuseum-schleswig.de/
museum-fuer-outsiderkunst

Das Präsidentenkloster aus dem Jahr 1656.

Friedrichsberg
Museum und „Roter Elefant"
Hinter dem wuchtig-preußischen Backsteingebäude des Oberlandesgerichts (Gottorfstr. 2) beginnt der Stadtteil Friedrichsberg. Er entwickelte sich als Wohnsitz adeliger Familien und fürstlicher Bediensteter. In Sichtweite von Schloss Gottorf waren im 17. Jahrhundert die Wirtschaftsgebäude errichtet worden.

Preußischer Machtanspruch
Das **Gerichtsgebäude** gegenüber von Schloss Gottorf entstand von 1876 bis 1878 als Sitz der Preußischen Provinzialregierung und des Oberpräsidenten, gewissermaßen als Stein gewordener Machtanspruch der neuen preußischen Landesher-

ren und als Symbol einer neuen Zeit. Die gewaltige Baumasse des 93 Meter langen und vier Stockwerke hohen Gebäudes im Neu-Renaissancestil, ganz in rotem Ziegelstein mit gelben Terrakotta- und rotbraunen Sandsteingliederungen der Fassade, brachten in ihrer Fremdartigkeit und Mäch-

Das Oberlandesgericht, auch „Roter Elefant" genannt.

tigkeit dem Baukörper den Spitznamen **„Roter Elefant"** ein. Bis 1946 war das Gebäude Sitz der früheren preußischen Provinzialregierung in Schleswig-Holstein. Seitdem sind dort Oberlandesgericht und Landessozialgericht untergebracht.

Das Gedächtnis des Landes

Das **Prinzenpalais** (Baujahr 1709) beherbergt das **Schleswig-Holsteinische Landesarchiv**. Dort werden über 40 Regalkilometer Archivalien verwahrt. Allein die öffentlich zugängliche landeskundliche Bibliothek umfasst rund 110 000 Bände.

Das dreiflügelige Herrenhaus war der erste barocke Adelssitz der Gottorfer Residenz. Erbauen ließ es der Geheime Rat Georg Otto Heinrich Freiherr von Schlitz, genannt Görtz, im Jahr 1709. Im Jahr 1713 speiste in diesem Haus der russische **Zar Peter der Große** mit dem dänischen **König Frederik IV**. Während der Zeit der schleswig-holstei-

Das Prinzenpalais aus dem Jahr 1709.

nischen Erhebung 1848–1851 war der Oberbefehlshaber der schleswig-holsteinischen Truppen, Friedrich Emil August Prinz zu Schleswig-Holstein-Sonderburg-Augustenburg, später Prinz von Noer genannt, Besitzer des Hauses. Nach ihm erhielt das Palais seinen Namen.

Später wurde das Haus zeitweise als Hotel genutzt. 1979 erwarb das Land Schleswig-Holstein das Prinzenpalais. Nach umfassender Restaurierung und durch einen modernen Anbau erweitert, zog das Landesarchiv Schleswig-Holstein ein. Besonderes Aufsehen erregt der vierstöckige Magazinbereich mit seiner Energie sparenden natürlichen passiven Klimatisierung.

Landesarchiv Schleswig-Holstein
Prinzenpalais, 24837 Schleswig
www.schleswig-holstein.de

Stadtmuseum Schleswig

Gebaut wurde die Dreiflügel-Anlage mit der Freitreppe im Auftrag von Herzog Friedrich III. von Schleswig-Holstein-Gottorf in den Jahren von 1634 bis 1641 für eine persische Gesandtschaft. Im Inneren des heutigen Stadtmuseums erinnert die zweigeschossige Halle mit einer repräsentativen Treppe (um 1760) an die adelige Vergangenheit. Das Torhaus mit dem zweigeschossigen Turm ließ 1674 die Familie Günderoth erbauen. Nach dem Zweiten Weltkrieg wurde der ehemalige **Günderothsche Hof** zum „Städtischen Museum". Die Themen unter anderem: Schleswigs Vorgängersiedlung Haithabu, die lange Blüte-

Das Stadtmuseum, gebaut als Persische Gesandtschaft.

periode der Stadt in der Zeit der Gottorfer Herzöge und der deutsch-dänische Konflikt im 19. Jahrhundert. Bekannt ist das Museum für seine Fotoausstellungen.

Stadtmuseum Schleswig

Friedrichstraße 9–11, 24837 Schleswig

www.stadtmuseum-schleswig.de

 Entdecken und Erleben

Das „Teddy Bär Haus"

Seit 2002 ist eines der Fachwerk-Nebengebäude (18. Jahrhundert) des Stadtmuseums das Zuhause von hunderten von Teddybären, einige schon rund hundert Jahre alt. Die Teddys namhafter Hersteller wie Schuco, Steiff und Hermann werden in liebevoll gestalteten Szenerien gezeigt. Ebenfalls zur Sammlung gehört ein ganzer Zoo anderer Stofftiere.

Das Motorschiff **„Wappen von Schleswig"** hat eine lange und bewegte Geschichte hinter sich: Gebaut wurde es 1927 als Fahrgast- und Schleppdampfer für die Strecke Königsberg-Contienen auf dem Pregel-Fluss. 1945 gelangte das Schiff mit 200 Flüchtlingen an Bord nach Lübeck und kam ab 1952 zwischen Mannheim und Duisburg zum Einsatz. Weitere Stationen:

Schiff mit Geschichte – die „Wappen von Schleswig".

Kiel, Wangerooge und Berlin. Seit nunmehr 1972 ist das Schiff auf der Schlei unterwegs; vom 1. Mai bis 30. September, bei gutem Wetter auch schon ab Ostern und

bis in den Oktober hinein. Seinen Liegeplatz hat es am Anleger Gottorfer Damm. www.schleischifffahrt.de

Essen und Trinken

Restaurant **„Olearius"** im Hotel Waldschlösschen
Kolonnenweg 152, 24837 Schleswig
www.hotel-waldschloesschen.de

Senator-Kroog von 1884
Rathausmarkt 9–10, 24837 Schleswig
www.senatorkroog.de

Mit Aussicht: Das **Wikingturm-Restaurant** im 26. Stock
Wikingeck 5, 24837 Schleswig
www.wikingturm-restaurant

Mit Blick auf den Yachthafen:
Hotel Strandhalle
Strandweg 2, 24837 Schleswig
www.hotel-strandhalle.de

Außerdem: Wie in vielen alten Hafenstädten haben sich auch in Schleswig unmittelbar am **Hafen** und am Schiffs-Anleger gastronomische Betriebe etabliert – besonders beliebt bei Sonne im Sommer.

Tourist-Information
Plessenstraße 7, 24837 Schleswig
www.ostseefjordschlei.de

UNESCO-WELTERBE: HAITHABU UND DAS DANEWERK

An der engsten Stelle der Schleswigschen Landenge lag vor rund 1000 Jahren eines der wichtigsten Handelszentren Europas. **Haithabu** am Ende der Schlei, das war – modern gesagt – zur **Wikingerzeit** der Hotspot des Handels zwischen Nord- und Ostsee. Und es war die Nahtstelle zwischen Skandinavien und dem Frankenreich. Als „sehr große Stadt am äußersten Rand des Weltmeeres" beschrieb der maurische Gesandte At-Tartuschi im 10. Jahrhundert die Siedlung am Haddebyer Noor.

Geschützt wurde Haithabu durch das in mehr als **700 Jahren** zu einem großräumigen Befestigungswerk gewachsene Danewerk. Mit 33 Kilometern Länge erreichte es seine größte Ausdehnung, 27 Kilometer sind heute noch in der Landschaft deutlich erkennbar.

Im Sommer 2018, nach immerhin 14 Jahren der Vorarbeit, erfolgte die langersehnte Auszeichnung für das einzigartige Denkmalensemble: **Haithabu** und das **Danewerk** wurden in die **Welterbeliste** der

Der Halbkreiswall von Haithabu, die Stadt Schleswig im Hintergrund.

In Haithabu wird das Leben der Wikinger nachempfunden.

UNESCO aufgenommen. Gewürdigt wurde damit der Komplex der archäologischen Grenzlandschaft als außergewöhnliches Zeugnis für den Austausch und Handel zwischen Menschen verschiedener kultureller Traditionen in Europa vom 8. bis zum 11. Jahrhundert.

Im 11. Jahrhundert verlagerte sich der Schwerpunkt von Haithabu auf das Schlei-Nordufer, 1050 wurde die Stadt von norwegischen Wikingern überfallen, 1066 von Slawen zerstört, und für viele Jahrhunderte geriet sie in Vergessenheit.

www.haithabu-danewerk.de

Das „Wikinger Museum Haithabu"

Das Museum erzählt die Geschichte des Danewerks und des frühen Handelszentrums. Während der Wikingerzeit wurde dort zwischen dem 9. und dem 11. Jahrhundert al-

les gehandelt, was gute Geschäfte versprach: Von Pelzen aus dem Osten, Walross oder Speckstein (für Kochtöpfe) aus Norwegen, fränkischen Waffen, Glas zur Schmuckherstellung, Wetzsteinen und Keramik vom Rhein bis zu Sklaven. Arabische Münzen unterstreichen die weitreichenden Handelsbeziehungen. Die Werke von Goldschmieden und Glasperlenmachern demonstrieren wikingerzeitliches Know-how. Die Menschen jener Zeit liebten Silber, Gold und schönes Glas – jedenfalls die, die es sich leisten konnten. Vor allem Silber war das gängige Schmuckmetall und zugleich, nach Gewicht bemessen, auch die Währung; Gold war nur den Mächtigen vorbehalten.

Als „Naust" werden skandinavische Schiffshäuser bezeichnet, die wie kieloben liegende Boote wirken. Ihnen nachempfunden wurden die Gebäude des „Wikinger Museums Haithabu". Eine Flotte von sieben untereinander verbundenen Häusern nimmt die Grabungsschätze auf. Jedes ist einem besonderen Thema gewidmet, zum Beispiel dem Danewerk, oder Handel und Fernbeziehungen, nicht zuletzt auch der königlichen Macht.

Die Schiffshalle

Einen besonderen Platz nimmt ein etwa 30 Meter langes **Kriegsschiff** aus dem 10. Jahrhundert ein. Wer in der Schiffshalle des Museums über den Steven des Bootes blickt, sieht dahinter das Wasser des Haddebyer Noors – so als ob das Schiff zurück ins Wasser gleiten könnte.

Die Schiffshalle im Haithabu-Museum.

Ausgelegt war es für etwa 50 bis 55 Mann Besatzung (24 bis 26 Riemenpaare). Sorgfältig ausgewähltes astfreies Eichenholz – zwei Zentimeter dünn gebeilt, nicht gesägt – spricht für die hohe Qualität und damit wohl für einen wichtigen Auftraggeber.

Das Schiff ist brennend im 10. Jahrhundert im Hafen von Haithabu untergegangen, offensichtlich ist das Feuer mit Absicht gelegt worden. Vielleicht sollte das Boot als „Brander" feindliche Schiffe abwehren.

Königliche Grabbeigaben

Königlich waren die Grabbeigaben, die man einem Adeligen mit ins Grab legte, der Ende des 9., Anfang des 10. Jahrhun-

derts in einem Bootkammergrab südlich des Halbkreiswalls beigesetzt worden war. Darunter war zum Beispiel ein fränkischer Glasbecher. Ein verziertes Schwert, Schilde und Zaumzeug sollten ihm außerdem im Jenseits gute Dienste leisten, zu sehen sind sie jetzt im Museum. Mit ihm bestattet wurden zwei Männer und drei Pferde.

Die Konstruktion des Grabes ist einmalig und unterscheidet sich von allen anderen wikingerzeitlichen Schiffsbeisetzungen: Das vermutlich 16 Meter lange Boot war über eine mit senkrechten Pfosten ausgekleidete Grabkammer gelegt. Bei seiner Entdeckung war es nur noch zum Teil an den Abdrücken im Boden zu erkennen. Wegen der fränkischen Beigaben wird vermutet, dass in diesem Grab der jütische **König Harald Klak** (785–852) beigesetzt wurde. Im Jahr 826 hatte er sich in Mainz taufen lassen; sein Taufpate war Kaiser Ludwig der Fromme. Sehr nachhaltig scheint dieses Ereignis für ihn allerdings nicht gewesen zu sein. Denn die Beisetzung erfolgte eindeutig nach heidnischen Ritualen.

Sargnägel und kostbarer Schmuck

Kostbarer Schmuck, jede Menge Sargnägel und zwei kunstvoll gearbeitete Bronzenadeln für Leichentücher – die ersten, die in Haithabu entdeckt wurden: Eine sechs Monate dauernde Ausgrabung förderte 2017 insgesamt rund 12 000 Funde ans Tageslicht; die Auswertung dürfte die Ar-

Skandinavischen Schiffshäusern nachempfunden – das Wikinger Museum Haithabu.

chäologen noch einige Zeit beschäftigen. Besuchern wird ein Teil der Artefakte in einer Glasvitrine präsentiert.

Die Funde dieser Ausgrabungen charakterisieren die späte Zeit Haithabus am Übergang zwischen heidnischen Beisetzungsriten und den frühesten christlichen. Eines der jüngsten Stücke ist das Fragment eines Geldstücks aus der Zeit des angelsächsischen Königs Edward „des Bekenners" (reg. 1042 bis 1066). Der sogenannte „short-cross penny" (benannt nach der Größe des Kreuzes auf der Münze) wurde etwa zwischen 1044 und 1046 geprägt – rund 20 Jahre vor dem verheerenden Überfall der Slawen auf Haithabu.

Nachrichten auf Runensteinen

Die vier Runensteine im Wikingermuseum sind Erinnerungen an Kampf und Heldentod. Kopien von zwei dieser Steine stehen heute auf dem Gebiet der Gemeinde **Busdorf**.

Südlich des Halbkreiswalls, an der Straße nach **Selk**, steht eine Nachbildung des so genannten **Erik-Steins**. In der Übersetzung heißen die Runen: „Thorulf errichtete diesen Stein, der Gefolgsmann Svens für Erik seinen Genossen, der wurde getötet als Krieger Haithabu belagerten, und er war Steuermann und Krieger, ein sehr angesehener".

Auf denselben Kampf bezieht sich vermutlich der Skarthi- oder **Busdorfer-Stein**, der mitten in der Gemeinde steht (Alte Landstraße): „König Sven setzte den Stein für seinen Gefolgsmann Skarthi, der nach Westen fuhr, aber nun bei Hedeby den Tod fand". Beide Runensteine stammen aus der Zeit des Sohns von Harald Blauzahn, des dänischen Königs Sven Gabelbart (988–1014), der 1013 England eroberte.

Älter sind die beiden **Sigtrygg-Steine** im Museum. Vermutlich Mitte des 10. Jahrhunderts ließ Asfrid, die Witwe König Gnupas, die beiden Runensteine für ihren Sohn Sigtrygg setzen. Der große Sigtrygg-Stein wurde 1797 an der Furt zwischen dem Haddebyer und dem Selker Noor gefunden. Seine Inschrift in einer in Schweden üblichen Runen-Version lautet: „Asfrid machte dieses Denkmal zum Gedenken an Sigtrygg, ihren und Gnupas Sohn." Gnupa und seine Gattin Asfrid stammten wahrscheinlich aus einem schwedischen Geschlecht, das zeitweise über Haithabu herrschte und den römisch-deutschen Kaisern tributpflichtig war.

Der zweite, kleinere Runenstein war bis 1887 in den Fundamenten einer Bastion von Schloss Gottorf eingemauert. Die Inschrift – offenbar von einem dänischen Runenmeister geritzt – lautet: „Asfrid, die Tochter Odinkars, machte diese Denkmäler nach König Sigtrygg, ihren und Gnupas Sohn. Gorm ritzte die Runen." Mit Gorm ist in diesem Fall der Runenmeister gemeint.

„Writan" hieß der germanische Begriff für das Ritzen der Zeichen. Im englischen Wort „write" ist er erhalten geblieben. Und im deutschen Wort „raunen" steckt noch das gotische „runa", das Geheimnis. Es umgab auch die von Odin gegebenen mystischen Zeichen, die Runen.

Leben wie vor 1000 Jahren

Sieben nachgebaute Häuser innerhalb des Halbkreiswalls, der Haithabu umgibt, vermitteln ein Bild vom Leben vor rund 1000 Jahren. Eng stehen die Häuser nebeneinander – die Grundstücke waren klein, Landwirtschaft wurde am Ufer des Noors nicht

Die sieben nachgebauten Wikinger-Häuser im Halbkreiswall.

35

Besuch aus Dänemark – ein Wikingerboot auf der Schlei.

betrieben. Besucher können durch das Heim eines Holzhandwerkers oder eines Fischers gehen, die Behausung eines Tuchhändlers besuchen oder das Domizil eines Händlers, der sein Haus in Haithabu möglicherweise nur während der Marktsaison nutzte. Außerdem wurden Bohlenwege angelegt und eine Brücke über den heute trockenen Bach. Unten am Hafen ragt wie zur Blütezeit des Ortes wieder eine 40 Meter lange Brücke ins Wasser des Noors. Und wie zur Wikingerzeit legen dort auch wieder Boote an.

Wikinger Museum Haithabu
Am Haddebyer Noor 5
24866 Busdorf
www.haithabu.de

 Entdecken und erleben

Im Sommer bietet das Wikingerschiff **„Sigyn"** zeitweise Segeltörns auf dem Noor an. Das bei den Schleswiger Werkstätten gebaute Schiff ist der Nachbau eines der Boote aus dem Roskilde Fjord. Das Original war ein 14 Meter langes und 3,50 breites Frachtschiff, eine Knarr.
www.sigyn.de
www.schleswiger-werkstaetten.de

Zwischen Frühjahr und Herbst finden mehrere **Märkte** und **Messen** rund um die **Wikinger-Häuser** statt. Daneben steht eine ganze Reihe von Handwerksvorführungen auf dem Jahresprogramm: Bogenbau und Pfeilherstellung, aber auch Backen oder Färben sowie Vorträge zum Alltagsleben, zu Kindheit und Ernährung.
www.haithabu.de

Rund um das **Haddebyer Noor** führt ein Wanderweg durch das historische Gelände von Haithabu und auf den imposanten Halbkreiswall. Die große Runde bezieht das Selker Noor mit ein. Eine Karte führt zu allen Sehenswürdigkeiten.
www.ostseefjord-schlei.de

Per Schiff nach Haithabu
Die Barkasse „Hein" fährt von Mai bis Ende September zwischen der Schleswiger Altstadt und Haddeby, Fahrräder können mitgenommen werden.
www.hein-haddeby.de

Das Danewerk – Nordeuropas chinesische Mauer

Von Haithabu am Ende der **Schlei** waren es mit Pferd und Wagen über Land nicht einmal 20 Kilometer bis **Hollingstedt**, dem „Nordseehafen" im Westen. Friesische Händler vom Rhein segelten über die Nordsee, die Eider und ihren Nebenfluss Treene flussaufwärts bis Hollingstedt, um ihre Waren in Haithabu anbieten zu können.

Das **Danewerk** schützte den Weg von der Treene an die Schlei. Das System von mehreren Wällen wurde in vielen Jahrhunderten immer wieder erweitert. Dabei wuchs es zu **Nordeuropas größtem Bodendenkmal** – der Chinesischen Mauer der Schleswiger Landenge. Der früheste Wall entstand vermutlich bereits vor dem Jahr 500 n. Chr. und damit lange vor der Wikingerzeit.

Die Verteidigungsanlage sicherte nicht nur die Ost-West-Verbindung zu den Flussniederungen im Westen, sie garantierte außerdem die Kontrolle über die wichtigste Nord-Süd-Landverbindung Jütlands: den Heer- oder **Ochsenweg**. Und sie wurde früh zur Süd-Grenze des entstehenden Königreichs Dänemark.

Lange Zeit führte nur ein einziger Durchlass durch das bis zu sieben Meter hohe und durch Holzpalisaden verstärkte Danewerk. Bereits die fränkischen Reichsannalen von 808 vermerkten dieses **„Wieglesdor",** doch erst bei Ausgrabungen in den Jahren

2013 und 2014 stießen deutsche und dänische Archäologen nach dem Abriss einer Gaststätte neben dem **Danevirke-Museum** auf dieses Tor.

Das Danewerk ist an mehreren Abschnitten zu Fuß, mit dem Fahrrad oder dem Auto zu besichtigen.

Der **Hauptwall** ist der schnurgerade angelegte älteste Teil der Wallanlage, er entstand vermutlich bereits zwischen 400 und 500 n. Chr. Schwierige und feuchte Wegstücke wurden dabei erfindungsreich überbrückt. Bereits 1972 war nahe der geheimnisvollen „**Thyraburg**" am Ost-Ende des Walls ein sechs Meter langes und vier Meter breites Kastenbauwerk gefunden worden. Die dafür verwendeten Eichenstämme, das ergaben Untersuchungen, waren im Jahr 737 gefällt worden. Derartige Holzkästen verwendeten wikingerzeitliche Baumeister, wenn der Untergrund wie dort am heute trockengelegten Dannewerker See nicht tragfähig war.

Im 8. Jahrhundert wurde das Danewerk durch den auf Schleswiger Stadtgebiet liegenden **Nordwall** erweitert. Der **Krummwall** verlängerte das Danewerk nach Westen. Dabei folgte er auf dem Geesthang oberhalb der **Rheider Au** dem gewundenen Verlauf des Flusses, daher auch der Name.

Erst im 10. Jahrhundert entstanden der 1,4 Kilometer lange **Halbkreiswall** um Haithabu und der **Verbindungswall** (auch Margarethenwall genannt), der zum Hauptwall führt.

Ausgrabung des „Wieglesdor" im Danewerk.

Aus dem späten 10. Jahrhundert stammt der schnurgerade **Kograben**, (dänisch: Kovirke), ein 6,5 Kilometer Kilometer langes, aus Wall und Spitzgraben bestehendes Verteidigungssystem etwa zwei Kilometer südlich des älteren Danewerks. Vermutlich ließ Harald Blauzahn diese vorgeschobene Verteidigungslinie anlegen.

Jüngster Teil ist die **Waldemarsmauer** aus der Zeit um 1170. Der dänische König Waldemar I. ließ eine vier bis fünf Meter hohe Mauer errichten. Sie stützte einen dahinter liegenden Wall von 18 Metern Breite und vier Metern Höhe. Etwa 5,6 Millionen Ziegelsteine wurden in der Umgebung gebrannt und zum Danewerk transportiert, um Waldemars beeindruckendes Bauwerk zu vollenden. Die Mauer war erbaut „zum Schutz des gesamten Reiches", heißt es auf einer Tafel vom Grab Waldemars in der St. Bendts Kirche von Ringsted auf der dänischen Insel Seeland. Mit der ursprünglich etwa 4,5 Kilometer langen Mauer, von der heute etwa 80 Meter sichtbar sind, zogen die gebrannten Ziegel als Baumaterial in Nordeuropa ein. Zugleich markierte der Mauerbau das Ende der wikingerzeitlichen und mittelalterlichen Bautätigkeit am Danewerk.

Bei Restaurierungsarbeiten im Sommer 2020 wurde im Wall hinter der Waldemarsmauer ein weiteres gewaltiges Bauwerk aus Feldsteinen freigelegt, es stammt bereits aus dem achten Jahrhundert. Ungefähr 20 Millionen Steine wurden verbaut, um einen etwa drei Kilometer langen Verteidigungswall zu schaffen. Wer vor rund 1300 Jahren so viel Macht besaß, um eine derartig imposante Mauer in die Landschaft zu setzen, ist bisher ein Rätsel. Nach der Untersuchung durch Archäologen wurde der Feldsteinwall wieder mit Erde bedeckt, um ihn vor Witterungseinflüssen zu schützen.

Ein Relikt der deutsch-dänischen Auseinandersetzungen des 19. Jahrhunderts ist die **Schanze 14.** Zwischen 1861 und 1864 baute Dänemark das Danewerk mit insgesamt 21 Bastionen zu einem modernen Verteidigungsbollwerk aus. Doch bereits wenige Tage nach Kriegsbeginn wurden die Stellungen am Danewerk am 5. Februar 1864 gegen vorrückende österreichische Truppen aufgegeben, die dänische Armee zog sich nach **Dybbøl / Düppel** (siehe dort) zurück. Deutsche und dänische Soldaten haben im Jahr 2001 die Schanze gemeinsam rekonstruiert.

Ursprünglich bestand außerdem ein **Osterwall** (8. Jahrhundert), der die

Halbinsel **Schwansen** von der Schlei bis zum **Windebyer Noor** bei Eckernförde abriegelte und dabei geschickt die Flussniederung der Osterbek einbezog. Dieser Teil der Befestigungsanlage war lange Zeit in Vergessenheit geraten, heute ist nur noch wenig davon in der Landschaft zu sehen.

Das Museum am Danewerk.

Die Waldemarsmauer in Nordeuropas größtem Bodendenkmal, dem Danewerk.

Das Seesperrwerk bei **Reesholm** (Gemeinde Schaalby) auf der Nordseite der Schlei gilt als Unterwasserverlängerung des Danewerks. Es wurde vermutlich im 8. Jahrhundert angelegt, um an dieser schmalen Stelle des Gewässers feindlichen Truppen ein Übersetzen unmöglich zu machen. Heute ist unter Wasser noch ein kurzer Abschnitt des einst vielleicht einen Kilometer langen Sperrwerks erhalten, das sich von Reesholm nach Osten erstreckte. Die Archäologen vermuten, dass es sogar eine

Art Brustwehr hatte. Schiffe auf dem Weg nach Haithabu mussten unter den wachsamen Augen der Krieger an diesem Sperrwerk entlang segeln.

Danevirke Museum

Neben dem einstigen „Wieglesdor" liegt das Danevirke Museum mitten in einem Archäologischen Park mit den wichtigsten Sehenswürdigkeiten der Wallanlage. Das vom Südschleswigschen Verein (SSF) der dänischen Minderheit betriebene Museum in der Gemeinde Dannewerk zeigt die Geschichte des Danewerks (dänisch: Danevirke). Ein Abschnitt der Ausstellung schildert auch die Zeit des Zweiten Weltkriegs, als das Danewerk zur Abwehr einer möglichen Invasion der Alliierten aus dem Norden genutzt werden sollte.

Ein zweiter Ausstellungskomplex widmet sich der der durch die Grenzziehung von 1920 entstandenen dänischen Minderheit in Schleswig-Holstein von den Auseinandersetzungen um Sprache und Kultur bis zu einem gleichberechtigten Miteinander.

Im Jahr 2024 soll ein fast zehn Millionen Euro teurer Neubau des Museums eingeweiht werden.

Danevirke Museum
Ochsenweg 5. 24867 Dannewerk
www.danevirkemuseum.de

Das Danewerk entdecken

Die **Thyraburg** sowie die **Waldemarsmauer** und die **Schanze 14** sind vom **Danevirke Museum** aus bequem zu Fuß zu erreichen.

Zum **Verbindungswall** geht es vom Parkplatz am Kreisverkehr an der B 76 in Busdorf. Der Weg führt auf dem Wall nach Haithabu. Der westliche Abschnitt des Margarethenwalls ist in Busdorf zum Teil ausgeschildert.

Auf der Fahrt nach Hollingstedt kreuzt die Kreisstraße 39 bei **Kurburg** den **Hauptwall**; dort sind auch Schilder mit Erklärungen aufgestellt. Das flache westliche Ende des **Krummwalls** ist bei **Ellingstedt** zu betrachten. Die Kreisstraße (K9) aus Groß Rheide führt kurz vor Ellingstedt unmittelbar durch den Wall. Westlich des Dorfes ist er bei „Morgenstern" ebenfalls noch als flache Erhebung in der Landschaft erkennbar.

Der **Kograben** ist von einem Abzweiger der K39 aus mit dem Hinweis „Kograben" und der Markierung durch zwei Ochsenhörner zu erreichen.

Bei **Kochendorf** zwischen Schleswig und Eckernförde ist der **Osterwall** als Knick in der Landschaft erkennbar. Am Parkplatz am Abzweiger Schnaap von der K 57 weisen Schilder auf den Wall hin; im Dorf selbst (Hohlweg) sind ebenfalls Teile des Osterwalls kenntlich gemacht.

Eine gemeinsam von Archäologen und Touristikern erarbeitete **Rad- und Wanderkarte** bietet Tourenvorschläge rund um das Danewerk und außerdem Informationen zum Bauwerk der Superlative.
www.ostseefjordschlei.de/erleben/unesco-welterbe

Auch unter www.haithabu-danewerk.de sind die einzelnen Abschnitte des Danewerks aufgeführt.

„KuLaDIG" steht für „Kultur.Landschaft. Digital", eine nordrhein-westfälische Initiative. Dort finden sich ebenfalls detaillierte Karten zum Danewerk.
www.kuladig.de

AN DER SCHLEI

Zwischen grünen Wiesen und alten Dörfern schlängelt sich die Schlei 42 Kilometer von der Ostsee bis Schleswig, mal in engen Windungen, mal zu seenartiger Breite geweitet. Bei Seglern ist der Ostseefjord ein beliebtes Revier, bei Urlaubern geschätzt wegen seiner sanften hügeligen Landschaft. Zur Wikingerzeit und im Mittelalter war die Schlei eine der wichtigsten Wasserstraßen der Welt und schwer bewacht. Alte Ortsnamen, wie zum Beispiel die Endungen auf „-burg" sind ein deutlicher Hinweis. Der Kirchhügel von **Arnis** war befestigt, **Schwonsburg** heißt die Halbinsel gegenüber. Bei **Rabel** könnte ein Ausguck gestanden haben. Befestigungsanlage bestanden sicherlich bei Brodersby an der engsten Stelle der Schlei sowie bei Kappeln. **Borgwedel** und **Stexwig** verdanken ihre Namen ebenfalls alten Verteidigungseinrichtungen (siehe Danewerk). Verträumtes Naturidyll ist die Mündung der **Füsinger Au** bei **Winningmay,** unter Naturschutz steht die Halbinsel Reesholm. Wer mit dem Boot den Fluß entlang paddelt oder rudert, bewegt sich auch auf den Spuren der Wikinger. Im Jahr 2010 wurde an der Mündung der Au eine zwischen den Jahren 700 und 1000 bewohnte Siedlung von Handwerkern, aber auch Adeligen ausgegraben.

HADDEBY
Einst Fährstelle nach Schleswig

In Sichtweite von Hadddeby liegen auf der Nordseite der Schlei die Schleswiger Altstadt und der Dom – ein beliebtes Fotomotiv. Nur wenige hundert Meter entfernt befinden sich der Halbkreiswall und das Museum von **Haithabu**. Der Ortsname Haddeby wird als „Buden von Haithabu" gedeutet; in seiner vermutlich ältesten Fassung lautete er „Hethæbybothæ", später auch „Haddebothe". Damit waren offenbar nicht mehr die Händler von Haithabu gemeint, sondern Einrichtungen, die für den Betrieb einer Fährstelle über die Schlei nötig waren: Remisen oder auch Repara-

turwerkstätten. Händler, die mit Pferd und Wagen aus Süden über den Ochsenweg kamen oder dorthin wollten, mussten an dieser Stelle über die Schlei setzen.

Kirche St. Andreas

Aus der Zeit um 1200 stammt der spätromanische Feldsteinbau mit seinem schmalen Kastenchor, der Dachreiter wurde erst im späten 18. Jahrhundert aufgesetzt. Neben unbehauenen Feldsteinen wurde für die Haddebyer Kirche auch rheinischer Vulkantuffstein verwendet – als einziger Kirche südlich der Schlei. Um 1200 besaß sie einen Rundturm, ähnlich denen der Kirchen von Kosel, Süderstapel oder Oeversee bei Flensburg.

Feldsteinkirche St. Andreas in Haddeby.

ROMANISCHE KIRCHEN IM NORDEN

Zu Dänemarks Besonderheiten zählt die ungewöhnliche Dichte romanischer Dorfkirchen. Rund 1700 der über 2400 dänischen Kirchen sind in der Zeit bis 1250 beinahe gleichzeitig entstanden. So besitzt Nordschleswig – oder Sønderjylland – eine Vielzahl schöner mittelalterlicher Kirchen mit einem romanischen Kern. Und was für den Norden des alten Herzogtums Schleswig gilt, zeigt sich auch südlich der heutigen deutsch-dänischen Grenze.

Allein mehr als 20 der zahlreichen Dorfkirchen zwischen Flensburger Förde und Schlei sind in der Zeit bis 1200 entstanden. Als sie vor über 800 Jahren gebaut wurden, hatte das Christentum noch nicht allzu lange Einzug im Norden gehalten. Zwar versuchten die ersten Missionare schon kurz nach 800, die Menschen von Thor und Wotan abzubringen. Ansgar (801 bis 865), erster Erzbischof für Bremen, Hamburg und Skandinavien, auch bekannt als „Apostel des Nordens", besuchte um 830 die schwedische Wikingersiedlung Birka und gründete vermutlich um 850 in Haithabu die erste Kirche.

Doch erst mit der Taufe von König Harald Blauzahn um 960 beginnt die Christianisierung Dänemarks wirklich. Kirchenbau und Durchsetzung des neuen Glaubens erforderten vor allem eine staatliche Macht, offenbar mehr noch als eine kirchliche. Als

König Niels (Herrscher 1104 bis 1134) der Kirche das Recht gab, den Zehnten zu erheben, setzte der Bauboom ein. Von Bischof Alberus von Schleswig (bis 1135), wird berichtet, „dass er in seinem Sprengel viele Kirchen geweiht hat".

Die ersten Holzkirchen wurden sehr bald von Steinbauten abgelöst. Zwischen Oslo-Fjord, damals dänisches Einflussgebiet, und Eider entstanden Kirchen nach ähnlichem Baumuster: Ein turmloses Rechteck mit einem kleinen Kastenchor, auf der Nordseite der Eingang für die Frauen, auf der Südseite der für die Männer. Oftmals „eroberten" Kirchen die Hügel heidnischer Weihestätten, oder es wurden gar behauene Steine mit vorchristlichen Symbolen in den Fundamenten verbaut (Ulsnis an der Schlei und Großenwiehe westlich von Flensburg). In Oeversee oder auch in Haddeby wurden die Gotteshäuser zeitweilig

Tympanon der Kirche in Sörup.

zu wuchtigen Wehrkirchen.

Findlinge lieferten das Baumaterial, wie zum Beispiel in Großsolt südlich von Flensburg. Vermutlich als Schiffs-Ballast erreichte auch rheinischer Tuffstein über Hollingstedt, den Nordsee-Hafen des Wikingerzentrums Haithabu wie auch der frühen Stadt Schleswig, den Norden. Eine der ältesten Kirchen Angelns steht in Ulsnis. In der Forschung wird das Portal von St. Wilhadi auf die Zeit um 1150 datiert, zugleich ist sie die am weitesten östlich liegende Kirche, für die noch Tuffstein verwendet wurde.

Ab etwa 1170 lernten die Baumeister auch, wie man Ziegel brennt. Der Schleswiger Dom und der Dom von Roskilde sind frühe Beispiele. Eine Besonderheit Nord- wie Südschleswigs bilden Kirchen aus behauenen Granitquadern, und an dieser Tradition hielten die jütischen Baumeister oftmals auch fest, als sich bereits Ziegel als neues Konstruktionsmaterial etabliert hatten. An der geschichtsträchtigen Schleswiger Bischofskirche lässt sich das Neben- und Nacheinander von Findlingen, Granitblöcken, Tuffstein und Ziegeln wunderbar verfolgen. Im dänischen Haderslev löste der Backsteinbau des Doms im 13. Jahrhundert eine alte Kirche aus Granitquadern ab.

Auch wenn Umbauten späterer Jahrhunderte die Kirchen verändert haben – so wurden Kirchtürme hinzugefügt, nach der Reformation größere Fenster in das alte Mauerwerk gebrochen – ist der romanische Kern meist noch gut erkennbar. Als eines der schönsten Beispiele der Kirchenbau-

kunst des 12. Jahrhunderts gilt St. Marien in Sörup in Angeln. Weil sie Patronatskirche des Schleswiger Herzogs, bzw. des dänischen Königs als Gutsherrn in Sörup war, waren für die Granitquaderkirche mit ihrer halbrunden Apsis vermutlich Handwerker der Schleswiger Dombauhütte tätig.

Turm der Kirche von Sörup.

Ihre eigene Tradition und architektonische Gestaltung brachten die Zisterzienser-Mönche mit. Die mittelalterliche Klosterkirche von Løgumkloster (ab etwa 1200) gilt als eine der bedeutendsten Kirchen Dänemarks.

Um 850 hatte Bischof Ansgar, der seinen Sitz zunächst in Hamburg, später in Bremen hatte, vom dänischen König Horik die Genehmigung erhalten, in Haithabu eine Kirche zu errichten. Wo diese Kirche stand, ist bis heute ungeklärt. Unter dem Gotteshaus von Haddeby wurden zwar bisher keine Spuren von Vorgängerbauten entdeckt, doch immer wieder wird dieses Gotteshaus mit den frühen Kirchenbauten der Wikingerzeit in Verbindung gebracht. Die St. Andreas Kirche birgt beachtliche Schätze: Aus der Zeit um 1240 stammt die imposante Kreuzgruppe. Als Meisterwerk des späten Mittelalters gilt der dreiflügelige geschnitzte Verkündigungsaltar mit Marienkrönung und 20 Einzelfiguren von Heiligen und Aposteln.

Essen und Trinken

Mit Blick auf Schleswig und die Schlei:
„Odins", Haddebyer Chaussee 13,
24866 Busdorf
www.odins-haddeby.de

LOUISENLUND
Vom Sommersitz zum Internat

Als Sommersitz mit weitem Blick über die „Große Breite" errichtete der Landbaumeister Johann Hermann von Motz bei Güby zwischen 1772 und 1776 das Herrenhaus für den Landgrafen Carl von Hessen (1744-1836), Statthalter in den Herzogtümern Schleswig und Holstein. Be-

nannt wurde die Anlage nach seiner Gemahlin Louise, Schwester des dänischen Königs Christian VII. Seit 1949 wird der einstige Sommersitz von einer Stiftung als renommiertes Internat betrieben.

Die weitläufigen Parkanlagen entstanden als Übergang zwischen den formalen barocken Strukturen und einer freieren Landschaftsgestaltung. Geprägt wurden sie auch vom freimaurerischen Gedankengut des Landgrafen. Ein Wanderweg führt über das Gelände.

www.Louisenlund.de
www.naturparkschlei.de

KOSEL
Siedlung der Wikingerzeit

Zur Wikingerzeit existierten hier zeitweise zwei Siedlungen, die bei Ausgrabungen während der 1980er und 1990er Jahre schlicht „Kosel-West" (9. bis 11./12. Jahrhundert) und „Kosel-Ost" (10. Jahrhundert) getauft wurden. Keine dieser Siedlungen diente jedoch der Versorgung Haithabus mit Nahrungsmitteln. Dort lebten nicht Bauern, sondern Handwerker, die ihren Anteil an der Wirtschaftskraft der wikingerzeitlichen Metropole hatten.

Kirche St. Laurentius

Heute erinnert nur die Feldsteinkirche von Kosel (2. Hälfte des 12. Jahrhunderts), in unmittelbarer Nachbarschaft von Kosel-West errichtet, an die Vergangenheit.

Als romanischer Feldsteinbau wurde die Kirche begonnen, in spät- und nachmittelalterlicher Zeit dann der Kastenchor mit Backstein verlängert. Der bis zur Stahlspitze über dem Wetterhahn knapp 25 Meter hohe und im unteren Teil ebenfalls aus Findlingen errichtete Rundturm wurde in der zweiten Hälfte des 13. Jahrhunderts errichtet. Aus der Erbauungszeit der Kirche stammt die romanische Granittaufe. Die Gewölbeausmalungen im Chor (Mitte 17. Jahrhundert) zeigen unter anderem Darstellungen der Himmelfahrt und des Jüngsten Gerichts.

MISSUNDE und BRODERSBY
Engste Stelle der Schlei

Der Ortsname Missunde leitet sich vom mittelalterlichen nordischen „Mjósund" ab: „schmale Schleienge". Bereits seit 1471 verbindet eine Fähre das Dorf **Brodersby** am Nordufer mit **Missunde** auf der gegenüberliegenden Seite. Die derzeitige Seilfähre „Missunde II" über die Schlei stammt aus dem Jahr 2003. Während der schleswig-holsteinischen Kriege des 19. Jahrhunderts war der Übergang über die an dieser Stelle nur 135 Meter breite Schlei mehrfach erbittert umkämpft: 1848, 1850 und noch einmal 1864 trafen hier Schleswig-Holsteiner und Dänen oder auch preußische und dänische Truppen aufeinander. Soldatengräber auf dem Friedhof von Brodersby erinnern an die Opfer dieser Ge-

Feldsteinkirche St. Laurentius in Kosel.

fechte. An der Fähre steht ein Gedenkstein. Südlich von Missunde befindet sich eine Gedenkstätte für die Gefallenen von 1850 während und des deutsch-dänischen Kriegs 1864.

Die Kirche

Eine der kleinsten, aber auch eine der ältesten Kirchen der Landschaft Angeln ist die weiß gestrichene Feldsteinkirche von **St.-Andreas-Kirche** von Brodersby, in deren Nordwand ein vorgeschichtlicher Schalenstein eingemauert ist. Vermutlich bereits

47

Ende des 12. Jahrhunderts wurden Kirchenschiff und Kastenchor errichtet und später ein hölzerner Glockenturm angefügt. Aus jener Zeit erhalten ist die romanische Granittaufe. Eine Besonderheit ist das heute von außen zugemauerte Pest- oder Pönitenzfenster. Im Mittelalter konnten Kranke oder wegen Vergehen vom Gottesdienst ausgeschlossene Gläubige durch diese Öffnung die Messe verfolgen.

Essen und Trinken

Das heutige, mehrfach veränderte und mit modernen Anbauten vergrößerte Restaurant **Missunder Fährhaus** trägt eine Bau-Inschrifttafel von 1805 und ein Wappen mit dem Initial „C7" für den dänischen König Christian VII. (reg. 1766–1808).
Missunder Fährstraße 33,
24864 Brodersby
www.faehrhaus-missunde.de

Windmühle Anna in Rieseby.

RIESEBY
Bischöfe und Gutsherren

Umgeben ist Rieseby von einem Kranz ehemals adeliger Güter und ihrer Meierhöfe, den Verwalter- und Pachthöfen. In den Zeiten der Gutsherrschaft war das Dorf selbst – bis auf die Kirche – völlig bedeutungslos. Bis zu 1000 Menschen lebten jeweils auf den großen Gütern, der Gutsherr vereinigte Grund-, Leib- und Gerichtsherrschaft, er war ein privater Territorialherr.

Im Jahr 1197 wurde das **Gut Stubbe** zum ersten Mal erwähnt. Damals gehörte es dem Schleswiger Michaeliskloster, später besaßen die Schleswiger Bischöfe dort eine befestigte Burg. Als Obsthof Stubbe ist der Gutsbetrieb heute bekannt. Das jetzige Herrenhaus entstand als klassizistischer Backsteinbau zwischen 1804 und 1808. Ein Wanderweg führt direkt am Gut Stubbe vorbei.
www.gut-stubbe.de

Unmittelbar an der Landstraße nach Sieseby liegt das Torhaus des **Gutes Krieseby,** 1749 aus rotem Backstein errichtet. Dahinter verbirgt sich ein Hof, der im Mittelalter ebenfalls zu den Besitzungen der Schleswiger Bischöfe zählte.
Die **Windmühle Anna** im Riesebyer Ortsteil Norby wurde 1911 mit Teilen einer Windmühle aus **Westerhever** auf Eiderstedt und einer anderen aus Eckernförde errichtet, nachdem der Vorgängerbau ab-

gebrannt war. Dazu wurde der Eiderstedter „Erdholländer" auf einen dreigeschossigen Unterbau mit einer Galerie gesetzt. 1994 erwarb die Gemeinde Rieseby die Mühle, die heute ein volkskundliches Museum beherbergt.

www.muehle-anna.de

St.-Petri-Kirche

Die spätromanische **Backsteinkirche** (13. Jahrhundert) mit Chor und halbrunder Apsis gilt nicht nur als eine der schönsten Landkirchen der Region, sondern auch als baugeschichtlich bedeutsam. Größe und Ausstattung verdankt sie vermutlich der Nähe zu den Schleswiger Bischöfen. Für Kunsthistoriker interessant: In der Architektur der Riesebyer Kirche treffen Gestaltungselemente aus Nord und Süd aufeinander. Der Kreuzbogenfries der Apsis lässt Einflüsse aus **Lübeck und Ratzeburg** erkennen. Der Stabfries an der Nordseite des Kirchenschiffs und am Chorgiebel deutet auf Beziehungen zur dänischen **Insel Seeland** hin. Dort entstanden zu jener Zeit das bedeutende Kloster Sorø und die Kirche von Ringsted.

Bei einer Restaurierung wurden 1913 Gewölbemalereien nach dem Vorbild von 1681 wieder hergestellt. Ältester Ausstattungsgegenstand ist die Granittaufe aus dem 12. Jahrhundert, deren Fuß grob ausgehauene Menschenköpfe und ein stilisierter Baum des Lebens schmücken.

Backsteinkirche St. Petri in Rieseby.

ULSNIS
Rätselhafte Bildsteine

Eindrucksvoll über der Schlei thront die **St.-Willhadi-Kirche** von Ulsnis. Sie entstand vermutlich zeitgleich mit dem frühen Granit-Tuff-Dom von Schleswig und ist zugleich das östlichste aus Tuffstein errichtete Gotteshaus. Das leicht zu verarbeitende Lavagestein aus dem Rheinland wurde meist per Schiff bis Hollingstedt an der Treene transportiert. Hinter dem 1888 neugotisch umgebauten Vorhaus versteckt sich das Südportal wohl noch aus der Zeit der Erbauung um 1150: Zwei Löwen über ihren menschlichen Opfern flankieren den Türsturz aus Granit mit einer Darstellung von **Kain und Abel**. Zwei archaisch wirkende **Bildsteine** sorgen seit Jahrhunderten für Rätsel. Auf einem Stein ist eine vermutlich tanzende Frau mit offen wehendem Haar dargestellt –Symbol der Sünde? Der zweite Stein zeigt ein sich liebevoll umarmendes Paar – Adam und Eva oder Sinn-

49

Die Kirche von Ulsnis.

bild der Ehe? Es gibt viele Interpretationen. Der **Pastoratsgarten** von Ulsnis gilt als einer der schönsten in Schleswig-Holstein und steht unter Denkmalschutz. Er lieferte vermutlich die Inspiration für die unsterblich gewordene **Biene Maja**. Den Namen ihres Schöpfers kennt jedoch kaum noch jemand. Es war der Schriftsteller Waldemar Bonsels (1880–1952), der seine Schulferien mehrfach bei seinem Onkel, dem Pastor Theodor Johann Peters in Ulsnis verbrachte. 1912 erschien die Geschichte der Biene Maja zum ersten Mal.

LINDAUNIS
Auto- und Eisenbahnbrücke über die Schlei

Ein Unikum ist die Auto- und Eisenbahnbrücke bei **Lindaunis**. Ihre Tage sind je-

doch gezählt. Einmalig in Norddeutschland dürfte der Umstand sein, dass die einspurige Brücke Zügen und Autos die Überquerung im Wechsel in beiden Fahrtrichtungen erlaubt. Der PKW-Verkehr wird dabei durch Schranken geregelt, seit 1995 automatisiert. Da die Brücke jedoch den heutigen Ansprüchen nicht mehr gewachsen ist, ist ein Neubau in Arbeit.

Bei dem Bauwerk handelt es sich um eine 1926 eingeweihte elektrohydraulische Klappbrücke. Der unbewegliche Teil der Brücke ist die wiederverwendete Stahlgitter-Kastenkonstruktion einer ehemals den **Nord-Ostsee-Kanal** bei Taterpfahl überspannnenden Drehbrücke. Der bewegliche Teil ist aus einer Stahlgitterkonstruktion mit Betongegengewichten konstruiert.

Herrenhaus Lindauhof

Rund 25 Jahre lang war hier „Der Landarzt" zu Hause: Das Herrenhaus von Lindauhof stand von 1987 bis 2012 im Mittelpunkt der beliebten TV-Vorabendserie. Das reetgedeckte Haus mit der Freitreppe und dem rundbogigen Fachwerk-Zwerchhaus gehört zu den ältesten erhaltenen Gutshäusern der Region. Bereits 1473 wird ein „**Hoff tho der Lindau**" genannt. Den Kern des mittelalterlich anmutenden Saalbaus bildet ein einstöckiges Backsteingebäude über einem hohen Feldsteinkeller. Im Inneren reicht der sogenannte **Rittersaal** über 13 Meter von einem Ende des ursprünglichen Hauses zu anderen. Im Laufe der Jahrhunderte wechselte das Gut mehr-

fach den Eigentümer. Seit 1833 befindet sich Lindauhof jetzt im Besitz ein und derselben Familie. Der Rittersaal beherbergt heute ein Café.
www.lindauhof.de

Windmühle

Aus dem Jahr 1837 stammt die restaurierte Mühle im Ortsteil **Lindaumühlenholz**. Der Unterbau des reetgedeckten Holländers ist als Acht-Eck aus roten Klinkern gemauert. Die Kappe mit dem Flügelkreuz kann sich in den Wind drehen. Das Innere ist zu einer Ferienwohnung umgebaut.

Herrenhaus Lindauhof mit Rittersaal.

Marienkirche Boren

Aus dem ersten Drittel des 13. Jahrhunderts stammt die **Marienkirche** von Boren. Der hölzerne Glockenturm wurde 1695 errichtet. Keine der vielen romanischen Kirchen Angelns zeigt so stilrein das Bild ihrer Bauzeit wie diese – Resultat einer „Re-Romanisierung", die 1938 begann und nach dem Krieg fortgesetzt wurde.

Die beiden von Löwenfiguren getragenen Altarleuchter der Kirche (gegossen um 1500) haben eine ungewöhnliche Geschichte: Als Kriegsbeute aus dem **Meldorfer Dom** ließ der Gutsherr Bartram Ratlow von **Lindauhof** das Leuchterpaar 1559 „mitgehen", nachdem der dänische König die widerspenstigen Dithmarscher besiegt hatte. „Aus der Kirche zu Meldorf gefuhret" ließ Ratlow ausdrücklich eingravieren. Als er sich aufs Altenteil zurückzog, schenkte er die Leuchter der Kirche.

Die Windmühle aus dem Jahr 1837.

51

SIESEBY
Ein Dorf als Denkmal

Als „Siceby" wurde das Dorf im Jahr 1267 zum ersten Mal urkundlich erwähnt.

Doch bereits zuvor, in der Wikingerzeit bestand hier am Schleiufer vermutlich ein kleiner Handelsplatz. Später diente Sieseby den Holmer Fischern aus Schleswig im Frühjahr oftmals als Quartier, wenn der Hering zum Laichen aus der Ostsee in die Schlei zog.

Das Ortsbild des malerischen Dorfkerns wird geprägt von weiß gekalkten und oftmals noch reetgedeckten Katen und Fachwerkhäusern, von denen eine Reihe unter Denkmalschutz steht. So zum Beispiel auch der **„Schliekrog"** (Dorfstraße 19), das ehemalige **„Gasthaus Erich"** (Dorfstraße 24) oder die Häuser am Alten Schulweg. Darunter ist auch das Wohnhaus des **Fährmanns** (Alter Schulweg 1), der noch bis 1903 eine Schleifähre betrieb. Seit dem Jahr 2000 ist das gesamte Unterdorf von Sieseby als erster Ort in Schleswig-Holstein als Flächendenkmal ausgewiesen.

Einst gehörte das Dorf den Besitzern des nahen **Gutes Bienebek**, in Sieseby lebten die Insten und Handwerker des Gutes. An vielen Häusern sind die Initialen G.A.S. erhalten: Der Hamburger Kaufmann Gustav Anton Schäffer ließ als Bienebeker Grund-

Die idyllische Dorfstraße von Sieseby.

besitzer im 19. Jahrhundert zahlreiche Gebäude neu aufbauen.

Die Kirche

Am Rand des Dorfes ragt die Kirche auf einem Hügel empor, nur 400 Meter von der Schlei entfernt. Vielleicht schon vor 1200 entstand der erste romanische Saalbau aus gespaltenen Feldsteinen. Spuren davon finden sich vor allem an der Nordwand mit dem vermauerten Portal des alten Fraueneingangs.

Um 1350 wurde die Kirche um einen neuen Chorraum verlängert und erhielt ein Kreuzrippengewölbe. Später wurde der Turm aus gebrannten Ziegeln im Westen auf das bestehende Mauerwerk gesetzt. Bei der bisher letzten Renovierung der Kirche wurden 2015 Reste der im 16. Jahrhundert entstandenen Gewölbemalereien restauriert.

Gut Bienebek

Als schlichtes eingeschossiges Haus präsentiert sich das Herrenhaus von Bienebek (Privatbesitz) vom Wanderweg an der Schlei aus. Bienebek, 1462 zum ersten Mal erwähnt, hat es im Lauf der Jahrhunderte vielfach den Besitzer gewechselt. Im Jahr 1839 erwarb Gustav Adolf Schäffer (1808-1892) das Gut mit dem Dorf Sieseby, 1887 verkaufte er es an die herzogliche Familie zu Schleswig-Holstein-Sonderburg-Glücksburg.

Vermutlich erst in den 1920er Jahren wurde das Herrenhaus im Sinne des Heimat-

Die Kirche von Sieseby.

schutzstils zu den heutigen eher klassischen Formen zurückgebaut. Zum Hofensemble gehören unter anderem das ehemalige Pächterhaus aus dem Jahr 1719, die Gerstenscheune von 1717 und die ehemalige Kornscheune von 1684.

Essen und Trinken
Gasthof Alt-Sieseby
Dorfstraße 24, 24351 Thumby
www.gasthof-alt-sieseby.de

WINNEMARK
Gut Carlsburg

Bis 1825 hieß Carlsburg noch Gereby. Im Mittelalter war es ein Dorf des Bischofs von Schleswig, der spätere Besitzer Cai Rantzau legte im 16. Jahrhundert das Dorf zugunsten eines Gutsbetriebs nieder. 1785 ging

Das Herrenhaus von Gut Carlsburg.

Gereby in den Besitz des Landgrafen Carl von Hessen-Kassel über, den Statthalter des dänischen Königs in Schleswig (siehe auch Louisenlund). Das Anwesen wurde in Carlsburg (Heute oft mit „K" geschrieben) umbenannt, ein Teil des Gutes parzelliert. Das zweigeschossige Herrenhaus entstand zwischen 1720 und 1727, als der Besitzer noch Johan Christoph von Hedemann hieß. Vom barocken Garten ist noch die 500 Meter lange Lindenallee erhalten, die auf das Herrenhaus zuführt (Privatbesitz).

ARNIS
Deutschlands kleinste Stadt

Deutschlands kleinste Stadt (2020: 300 Einwohner, Stadtrecht seit 1934) wurde vor rund 350 Jahren streng nach Plan auf einer 800 Meter langen und etwa 20 Me-ter breiten Schlei-Insel angelegt: Elf Meter breit waren die Grundstücke, die sich in unterschiedlicher Länge bis zum Wasser hinunter erstreckten. Heute ist die idyllische Stadt über einen Damm mit dem Festland verbunden.

Seine Gründung im Jahr 1667 verdankt Arnis der Widerspenstigkeit von 64 Kappelner Familien, die sich weigerten, dem Kappelner Gerichts- und Gutsherren Detlev von Rumohr den Huldigungseid, den sogenannten Homagialeid, als Leibeigene zu leisten. Lieber wanderten sie aus. Von Herzog Christian Albrecht von Schleswig-Holstein-Gottorf erhielten sie Land auf der bis dahin unbewohnten Schlei-Insel – und ihm leisteten sie dann den Lehnseid.

Die Seefahrt sorgte für steigenden Wohlstand. Typisch für Arnis waren die **„hökernden Schiffer"**. Sie verkauften bis nach Norwegen unter anderem Wurst, Käse und Getreidewaren. Holz, Salz, Eisen, gesalzene Heringe oder Glas brachten sie zurück. Zeitweise waren fast 90 Schiffe in dem kleinen Ort beheimatet, die Einwohnerzahl stieg auf rund 1000 Menschen.

Im Deutsch-Dänischen Krieg überquerten 1864 preußische Truppen über eine Pontonbrücke zwischen Sundsacker und Arnis die Schlei. Der Ausgang des Krieges und die Eingliederung Schleswig-Holsteins in das Königreich Preußen veränderten das Leben der Schiffer von Arnis: Der Handel mit Skandinavien wurde schwieriger, und mit der Dampfschifffahrt erwuchs den Schiffern ebenso wie den auf Segelschiffen

spezialisierten Werften eine neue Konkur-
renz. Nun erhielt – wie auch in Maasholm
– die Fischerei eine größere Bedeutung.

Ursprünglich reihten sich durchgehend ein-
geschossige Fachwerk-Giebelhäuser mit
zunächst einer Utlucht, später meist zwei
dieser besonderen Erker, in der **Langen
Straße** aneinander. Ältestes erhaltenes
Haus ist das Haus Lange Straße 13 aus dem
Jahr 1712.

Der typische Grundriss der älteren Häuser:
beheizbare Küche und Wohnraum auf der
einen Seite des Flurs, zwei Schlafräume auf
der anderen. Das obere Stockwerk diente
als Lagerraum. Im Jahr 1805 ließ der Reeder Hinrich Klinck, damals einer der reichs-
ten Männer der Stadt, das Haus Nummer
17 in der Langen Straße errichten. Das
„Klinckenhaus", seit 1934 Rathaus, gehört
zu den wenigen zweigeschossigen Giebelhäusern der kleinen Stadt.

Erst Mitte des 19. Jahrhunderts wurde die
Parkstraße bebaut, die zur Schifferkirche
führt. Der gelbe Ziegelbau neben dem
Kirchhofshügel wurde in preußischer Zeit
für die erste staatliche Navigationsschule in
Arnis errichtet.

Schifferkirche

Die Schifferkirche auf dem im Mittelalter
zur Verteidigung aufgeschütteten Kirchhofshügel stammt aus dem Jahr 1673. Für
ihren Bau wurde zwischen 1669 bis 1673
im gesamten Herzogtum Schleswig Geld
gesammelt. Doch leider ging das Schiff mit
dem Baumaterial – Backsteine und Holz –

Das Rathaus von Arnis.

auf der Rückfahrt von der schwedischen
Insel Gotland im Sturm unter. Die Arnisser
mussten sich deshalb mit einer bescheide-
neren Fachwerk-Kirche begnügen, von der
bis heute die Nordwand erhalten ist; Süd-

Die Schifferkirche an der Schlei.

und Westwand wurden bereits 1731 neu aufgemauert, der hölzerne Glockenturm 1825 erneuert.

Der Legende nach wurde die 1573 geschaffene Kanzel von Arnisser Fischern nach der Großen Sturmflut von 1634 vor **Nordstrand** aus dem Meer gefischt. Tatsächlich stammt das Renaissance-Werk wohl aus einer Kirche in **Nordschleswig.**

In der Kirche befinden sich vier **Votivschiffe** als Geschenke von Arnisser Schiffern zum Dank für die Errettung aus Seenot: ein vor 1883 gebautes dänisches Linienschiff mit drei Masten und zwei Kanonendecks, ein Modell des dreimastigen

spanischen Kriegsschiffes „Santa Cruz", eine namenlose Kriegsbrigg mit einem nackten Jungen als Galionsfigur und die nach 1850 entstandene dreimastige Dampffregatte „Hansa" mit Schraube und zehn Geschützen zu jeder Seite.

Auf dem Friedhof stehen reich verzierte Grabsteine der Arnisser Kapitänsfamilien.
www.kirchenkreis-schleswig-flensburg.de

Essen und Trinken
Auf Stelzen in der Schlei:
Die **Schleiperle**
Strandweg 125, 24399 Arnis
www.schleiperle-arnis.de

KAPPELN

Hafen-Flair und Heringe

Im Bild des ältesten Stadtkerns ist immer noch der Ursprung Kappelns als Fischer- und Schiffersiedlung erkennbar – ein Idyll, das von Urlaubern geschätzt wird. Zu Kappelns Beliebtheit trug dabei sicherlich die TV-Langzeitserie „Der Landarzt" bei, in der Kappeln über 20 Jahre lang als fiktiver Ort **Deekelsen** in den schönsten Farben gezeichnet wurde.

Im Jahr 1357 wird in einer Urkunde zum ersten Mal eine Kapelle erwähnt, die einem Schutzheiligen der Seefahrer gewidmet ist –

der Ursprung der Stadt. Jahrhunderte lang prägten Schifffahrt und Fischerei ihr Gesicht. Heute ist der Hafen eine beliebte Flaniermeile und Ausgangspunkt für Ausflüge mit dem Schiff. Auf der anderen Seite der Schlei wächst im ehemaligen Marinestützpunkt **Olpenitz** ein neues Feriendorf heran.
www.touristikverein-kappeln.de
www.schlei-ausflugsfahrten.de
www.schleiraddampfer.de

Die steil zum Hafen hinab führende Straße **Dehnthof** gehört zu den ältesten und den am besten erhaltenen der Stadt. Der Stra-

Die Armada der Segler rauscht an Kappeln vorbei.

ßenname leitet sich vom dänischen Wort „degn" für Küster ab. Markantestes Gebäude am Dehnthof ist die seit 1911 in Kappeln ansässige Aalräucherei Föh, die letzte von einst zahlreichen Räuchereien der Stadt. Die drei Schornsteine mit den Buchstaben **„AAL"** dominieren gemeinsam mit dem Kirchturm und der **Mühle „Amanda"** die Silhouette. In der schmalen Straße **„Kehrwieder"** rund um die Kirche finden sich mit den Häusern Nr. 4 und Nr. 6 zwei der typischen Wohnhäuser des 18. und frühen 19. Jahrhunderts. Auch in der Mühlenstraße sowie der Kappelner Fußgängerzone mit der **Schmiede- und der**

Ein Wahrzeichen – die Schlote der Räucherei Föh.

Das Rathaus von Kappeln.

Die ehemalige Realschule mit den farbig abgesetzten Ziegelbändern entstand 1869. Sie zählt zu den frühen Werken des Baumeisters Johannes Otzen (1839 in Sieseby geboren, 1911 in Berlin gestorben), der später Villenkolonien in Berlin-Lichterfelde und -Friedenau entwarf. 1983 wurde die alte Schule um einen spiegelbildlich angeordneten Neubau erweitert. Eine Glasbrücke verbindet die beiden Bauteile.

Poststraße haben alte Häuser den Wandel der Zeit überdauert.

Architektonisch bemerkenswert ist das **Kappelner Rathaus** an der Reeperbahn.

Die Brücke

Zur Einweihung ihrer Drehbrücke feierten die Kappelner 1927 ein großes Fest. Die damals moderne Schleiquerung ersetzte die alte Pontonbrücke, die erst 60 Jahre zu-

Die Klappbrücke von Kappeln, 2002 erbaut.

Der historische Heringszaun in der Schlei.

vor die seit 1671 bestehenden Fährverbindungen abgelöst hatte. Weitere 75 Jahre später war auch die Drehbrücke zu klein für den wachsenden Autoverkehr. Im Jahr 2002 wurde schließlich die heutige elektro-hydraulische **Klappbrücke** mit ihrem markanten Brückenwärterhaus wiederum mit einem großen Fest eingeweiht. Gut 200 Meter lang ist die jetzige Brücke, 27,50 Meter breit die Schifffahrtsöffnung. 23,6 Millionen Euro wurden verbaut, damit der Verkehr vierspurig über die Schlei rollen kann.

Rechts und links der Brücke ragen zwei Speicher der 1930er Jahre empor. Sie sind unübersehbare Zeichen der einstigen Be-

deutung Kappelns als Umschlagplatz für landwirtschaftliche Erzeugnisse. Der rote Backsteinbau des **Pier-Speichers** wird jetzt als Gästehaus und Restaurant genutzt. Auch neben dem sogenannten **„Sieck-speicher"** südlich der Klappbrücke entstanden Ferienwohnungen.
www.pierspeicher.de
www.speicherquartier-kappeln.de

Der Heringszaun

Kappelns Heringszaun ist der letzte Deutschlands, wenn nicht sogar Europas. Als „Großer Ellenberger Zaun" wurde er 1451 erstmals erwähnt: Eine trichterförmige Anlage aus eng verflochtenem Holz, das

59

riert und unter Denkmalschutz gestellt. 1979 fanden rund um den Heringszaun die ersten **Kappelner Heringstage** statt. Derzeit kämpfen Stadt und Verschönerungsverein jedoch um Geld für einen Neuaufbau des durch Stürme und den Bohrwurm beschädigten Kappelner Wahrzeichens. www.verschoenerungsverein-kappeln.de

Die Kirche

St. Nikolai gilt als Schleswig-Holsteins letzte Barockkirche, ihren Bau verdankt die Stadt Hans Adolf von Rumohr, dem Gutsherren auf Roest und Patron der Kappelner Kirche. Mit dem Neubau beauftragte er Landbaumeister Johann Adam Richter (1733-1813), der als Schüler von Ernst Georg Sonnin bereits am Bau der Hamburger St.-Michaelis-Kirche mitgewirkt hatte. Zu den herausragenden Ausstattungsteilen im Inneren der Kirche zählt der aus der alten Kirche übernommene Altaraufsatz von 1641, ein Werk des Eckernförder Schnitzers Hans Gudewerdt des Jüngeren. Er gilt als ein Hauptwerk des norddeutschen Knorpelbarocks. Allerdings fügte Richter nur die Abendmahlszene in den neuen Altaraufbau ein, das Weihnachtsbild wurde wie ein Epitaph an der Nordseite des Altarbereichs aufgestellt.

Die St.-Nikolai-Kirche in Kappeln.

schließlich in einem Netz („Steert") endet, in dem sich die Heringe verfangen. Zeitweilig existierten bis zu 40 solcher Fischfanganlagen in der Schlei. Durch die Initiative des Kappelner Verschönerungsvereins wurde der Zaun Ende der 1970er Jahre restau-

Mühle „Amanda" und Sägewerk

Ein weiteres Kappelner Wahrzeichen ist die **Holländermühle „Amanda"** von 1888. Mit einer Höhe von rund 30 Metern war sie damals die höchste Windmühle Schleswig-Holsteins. Neben dem Mühlenbetrieb besaß „Amanda" außerdem ein Sägewerk. Eine Dampfmaschine (Lokomobil), die mit Holz-Abfällen betrieben wurde, versorgte die Mühle in windarmen Zeiten mit Energie.

1976 erwarb die Stadt Kappeln Mühle und Sägerei, Nach aufwendigen Renovierungsarbeiten konnten die **Tourist-Information** und das standesamtliche **Trauzimmer** der Stadt Kappeln in der Mühle angesiedelt werden.

1995/96 wurde das Sägewerk restauriert, es wird seit August 1996 von den Kappelner Werkstätten als „working museum" betrieben.

www.kappeln.de
www.kappelner-werkstätten.de

Auf der anderen Seite der Schlei: Ellenberg

Mit dem Bau des Marinestützpunkts Olpenitz erhielt der Stadtteil Ellenberg sein heutiges Gesicht: Reihen- und Einfamilienhäuser, überwiegend rotgeklinkerte Wohnblocks und einzelne Hochhäuser. Von 1974 bis 2003 bestand unmittelbar am Schleiufer die Marinewaffenschule Ellenberg. Unter dem Namen „Schleiterrassen" soll dort ein Wohngebiet mit Bootssteg entstehen. Einen städtebaulichen Akzent setzt der 42 Meter hohe freistehende Turm der 1967/68 errichteten weißen **Auferstehungskirche**.

Kappelns Wahrzeichen – die Mühle „Amanda".

Die moderne Auferstehungskirche in Ellenberg.

Das „Ostseeressort Olpenitz" aus der Luft.

Olpenitz

Bereits im 13. Jahrhundert wurde „Ulpe-næs" (Nase, Vorsprung, wo Regenpfeifer sind) in einer Urkunde erwähnt, damals vermutlich eine Burg des dänischen Königs. Seit 1970 gehört das Dorf, das im Laufe der Jahrhunderte um das Gut Olpenitz herum wuchs, zur Stadt Kappeln. Von 1964 bis 2006 war **Olpenitz** vor allem bekannt als Marinestützpunkt. Auf dem mehr als 150 Hektar großen ehemaligen Bundeswehrgelände wächst rund um den Hafen das **„Ostseeresort Olpenitz"** mit mehr als 600 Ferienhäusern unterschiedlichster Bauart, darunter auch schwimmende Häuser, sowie 300 Ferienwohnungen.

Das heutige Herrenhaus (Privatbesitz) des **Gutes Olpenitz** mit Mittelrisalit und steilem Walmdach stammt aus dem frühen 18. Jahrhundert. Spuren der mittelalterlichen Anlage sind noch deutlich zu erkennen. So sind auch Teile des alten Hofgrabens erhalten. Der Backsteinbau des Torhauses wurde 1838 errichtet. Flankiert wird es von älteren Gebäuden. Über der Tordurchfahrt befindet sich das Wappen der Familie von Ahlefeldt, deren Nachkommen noch heute das Gut bewirtschaften.

Gut Roest

Kappelns Geschichte ist eng mit dem im Jahr 1231 zum ersten Mal erwähnten Gut Roest (Privatbesitz) verbunden. Die Gutsherren waren lange Zeit zugleich die Herren Kappelns – nicht ohne Konflikte, wie das Beispiel Arnis zeigt. Heute wird auf Roest eine Trakehnerzucht betrieben. Im Jahr 1590 ließ Asmus Rumohr das Herrenhaus errichten, sein Sohn Heinrich vergrößerte es 1641 um einen sehr ähnlichen östlichen Flügel. Damit entstand das altertümlich anmutende Doppelhaus mit seinen Schweifgiebeln. Die Scheune und das breite Fachwerk-Torhaus am Ende der langen Lindenallee entstanden nach einem Brand im Jahr 1937 vollständig neu.

www.gut-roest.de

![Gut Olpenitz an der Schlei.]

Gut Olpenitz an der Schlei.

Essen und Trinken

Fischbrötchen von der **Räucherei Föh** am Dehnthof oder Essen mit Schlei- und Brückenblick – Kappeln bietet vor allem am Nordhafen viele Möglichkeiten, zum Beispiel mit der **„Alten Räucherei"**, der **„Kombüse"** oder dem **„Cameo"**.
Nur ein Restaurant aber ist nach einem Gedicht benannt.
Als „Meeresstochter" rühmte der Kappelner Dichter Ludwig Hinrichsen (1872-1957) die Schlei.
Sein Gedicht wurde zur Vorlage für den Namen des Restaurants **„Meerestochter"** direkt am Gastliegerhafen.
www.foeh.de
www.meerestochter-kappeln.de
www.alte-raeucherei-kappeln.de
www.cameo.de

Direkt neben der Kirche:
die ehemalige **Landarztkneipe** „Aurora"
Rathausmarkt 6, 24376 Kappeln

Ostseeblick bietet das Strandbistro **„Lobster"** am Weidefelder Strand.
www.lobster-kappeln.de

Tourist-Information
Mühle „Amanda"
Schleswiger Straße 1, 24376 Kappeln
www.kappeln.de

 ## Entdecken und Erleben

Angelner Dampfeisenbahn

Deutschlands nördlichste Museumseisenbahn pendelt zwischen Kappeln und Sü-

Schnauft so schön, die Angelner Dampfeisenbahn.

derbrarup. Die Angelner Dampfeisenbahn wird betrieben von einem privaten Verein, dessen Mitglieder die meist aus Skandinavien stammenden historischen Loks und Wagen selbst restaurieren und pflegen.

Angelner Dampfeisenbahn
Bahnhofsweg, 24376 Kappeln
www.angelner-dampfeisenbahn.de

MAASHOLM

Von der Seefahrt zum Fischfang

Die Seefahrt prägte das Leben der Maasholmer, die Fischerei kam erst später dazu. Als die Herzogtümer Schleswig und Holstein 1867 preußisch wurden, brachen für die Maasholmer – wie auch für die Schiffer von Arnis und Kappeln – alle alten Handelsverbindungen und -routen nach Dänemark weg. Sie mussten sich auf Fischerei umstellen.

Der Ort wurde im Jahr 1700 gegründet, nachdem das alte „Maes" nordöstlich des heutigen Dorfes durch Oststürme und Hochwasser mehrfach zerstört worden war. Zahlreiche Fischer- und Schifferhäuser mit Fachwerk des 18. und 19. Jahrhunderts prägen bis heute das Bild des Hafenortes. Typisch ist das Haus Hauptstraße 69. Als Wohnhaus wurde das reetgedeckte Gebäude im Jahr 1805 gebaut, heute dient es als **Rathaus**; es steht ebenso wie der dahinterliegende Stall unter Denkmalschutz.

Eine Maasholmer Besonderheit sind die sogenannten **Kahnstellen** als Liegeplätze für flachgehende Schleikähne. Als einzigartiges Zeugnis der Seefahrts- und Fischereigeschichte Maasholms stehen sie unter Denk-

Das reetgedeckte Rathaus von Maasholm.

Maritimes Ensemble an der Bundesstraße 199.

Gedenkstein zur Maasholmer Geschichte.

malschutz. Unmittelbar daneben standen jeweils Pfähle zum Trocknen der Netze.
Bereits aus dem Jahr 1918 stammt das im Heimatschutzstil als 76. Station an der Ostsee errichtete Backsteingebäude der Deutschen Gesellschaft zur Rettung Schiffbrüchiger (DGzRS) mit einer Slipanlage.

Gut Oehe

Schon der Name verweist auf die Geschichte: Oehe war einst eine Insel, das Wort „ø" bedeutet im Dänischen „Insel". Bereits im Erdbuch des dänischen Königs Waldemar II.

Historische Rettungsstation.

Das Herrenhaus von Gut Oehe direkt an der Ostsee.

wurde 1231 ein königliches Jagdrevier auf der damals noch Gaath genannten Insel erwähnt. „Gata" steht für Weg oder Pfad; in diesem Fall: die Schleimündung. Seit 1588 ist Oehe ein eigenständiges Gut.

Ein früheres bescheidenes Herrenhaus stand vermutlich an der Stelle des Verwalterhauses (18. Jahrhundert), das über alten Kellern errichtet wurde. Das heutige Herrenhaus entstand im Kern ab 1710. Die ehemaligen Gutsgebäude, darunter auch das Verwalterhaus, beherbergen jetzt Ferienwohnungen. Der frühere Pferdestall wurde als Café und Bistro eingerichtet.

www.gut-oehe.de

 Entdecken und Erleben

Eine ehemalige Raketenstation unweit des Vogelschutzgebietes Oehe-Schleimünde ist heute das **Naturerlebniszentrum (NEZ).** Dabei wurde das Außengelände zu einem abwechslungsreichen Erlebnisraum gestaltet. Auf dem zwei Kilometer langen Weg vom Parkplatz in Exhöft zum NEZ (zu Fuß oder per Fahrrad) erfahren Besucher vieles über die Wikinger, die große Sturmflut von 1872, die Geschichte Maasholms, die heimische Vogelwelt und das Naturschutzgebiet Oehe-Schleimünde.

www.naturerlebniszentrum.de

In Maasholm beginnt der **Wikinger-Frie-sen-Weg** von der Ostküste bis **St. Pe-ter-Ording** im Westen. Dazwischen liegen fast 300 Kilometer Radweg auf den histori-schen Spuren der Wikinger und der Friesen. www.wikinger-friesen-weg.de

Schleimünde –
Nur per Schiff zu erreichen

Nur per Schiff von Kappeln aus sind das Naturparadies Schleimünde und die **Lot-seninsel** zu erreichen. An der Einfahrt in die Schlei weist seit 1870/71 der 14 Meter hohe Leuchtturm den Weg. Kein anderer **Leuchtturm** wurde so oft umgestrichen wie der von Schleimünde – insgesamt acht Mal. Zeitweise war er schachbrettartig rot/weiß gewürfelt, dann schwarz/weiß kariert oder auch schwarz-weiß gestreift. Seit 2015 ist er nun grün/weiß gebändert.

Der grün-weiße Leuchtturm von Schleimünde.

Die **Lotseninsel**, heute eine Halbinsel im Be-sitz der gemeinnützigen „Lighthouse Foun-dation", ist größtenteils Naturschutzgebiet; betreut wird es vom „Verein Jordsand". Das ehemalige Lotsenhaus aus dem 19. Jahrhun-dert beherbergt Teilnehmer von Seminaren und Workshops. Der kleine Hafen diente früher Fischern und Schiffern bei schlechtem Wetter als Nothafen, als „naturnaher Was-serwanderplatz" wird er heute von mehre-ren Segelclubs an der Schlei gemeinsam un-terhalten. Aber auch an der Lotseninsel nagt die See, bei hohen Sturmfluten wurde sie zuletzt sogar überschwemmt.

Zwischen Mai und September geöffnet hat die **„Giftbude"**, die bei Seglern an der ge-samten Ostseeküste bekannte Gastwirt-schaft. Sie wird betrieben von den Schles-wiger Werkstätten. Das Wort Gift ist abge-leitet vom althochdeutschen Begriff für „Gabe" (Auch im Englischen heißt das Ge-schenk ja „gift")
www.lotseninsel.de
www.jordsand.de
www.schleswiger-werkstaetten.de
www.schlei-ausflugsfahrten.de.
www.schleiraddampfer.de

67

ANGELN UND DIE FLENSBURGER FÖRDE

Aus der Landschaft zwischen der Schlei im Süden und der Flensburger Förde im Norden wanderte etwa um 400 n. Chr. der Stamm der Angeln zusammen mit den Sachsen und den Jüten nach Britannien aus. Einer der größten und bedeutendsten Opferplätze jener Zeit war das **Thorsberger Moor** bei Süderbrarup. Die meisten und wertvollsten Gegenstände wurden um das Jahr 200 n. Chr. im Moor versenkt, darunter zahlreiche Waffen und die persönlichen Ausstattungen von Kriegern. Ein Teil wird heute im Archäologischen Museum auf **Schloss Gottorf** (siehe dort) ge-

zeigt. Andere Fundstücke werden im **Nationalmuseum Kopenhagen** präsentiert. Der Flensburger Lehrer Helvig Conrad Engelhardt, der auch das Nydam-Boot (siehe Nydam in Nordschleswig) entdeckte, grub zwischen 1858 und 1861 als erster Archäologe auch im Thorsberger Moor.

▶ Entdecken und Erleben

Familien-Freizeitpark Tolk-Schau
Ein Erlebnispark mit Wasserspielplatz, Achterbahn, Märchenwald und „Tal der Dino-

saurier" ist der Freizeitpark in Tolk zwischen Schleswig und Kappeln.
Tolk-Schau 1, 24894 Tolk
www.tolk-schau.de

IDSTEDT –
Das Ende der Hoffnungen

Die **Schlacht bei Idstedt** zwölf Kilometer nördlich von Schleswig war die folgenschwerste des drei Jahre dauernden Krieges im Gefolge der schleswig-holsteinischen Erhebung im europäischen Revolutionsjahr 1848. Damals stritten schleswig-holsteinische und dänische Kräfte darüber, ob das Herzogtum Schleswig Teil Dänemarks oder eines deutschen Nationalstaates werden sollte. Die Niederlage in dieser Schlacht bedeutete für die Schleswig-Holsteiner das Ende ihrer Erhebung und auch das Ende der Hoffnung vieler auf eine Aufnahme der beiden Herzogtümer in einen deutschen Staatenbund.
Am 24. und 25. Juli 1850 trafen 36 000 Mann der dänischen und 26 000 der schleswig-holsteinischen Armee bei Idstedt aufeinander. Die Frontlinie erstreckte sich über insgesamt 18 Kilometer. Das Schlachtfeld war nur schwer zu überblicken, da es ausgerechnet an diesem 25. Juli zum ersten Mal nach einer äußerst trockenen Hitzeperiode zu regnen begonnen hatte. Bei dem blutigen Gefecht verloren 1.455 Männer ihr Leben, etwa 5.000 wurden verwun-

Die Gedächtnishalle von Idstedt.

det, das Dorf Idstedt brannte fast vollständig nieder.
Die **Idstedt-Gedächtnishalle** informiert über die schleswig-holsteinische Erhebung von 1848/1851 und die Schlacht bei Idstedt (November–März geschlossen).
Idstedt-Gedenkhalle
Idstedtkirche 1, 24879 Idstedt
www.Schleswig-flensburg.de

OEVERSEE –
Gefecht in eisiger Kälte

Aus einer Reihe von Dörfern ist südlich von Flensburg Oeversee zusammen gewachsen – ein Ort mit langer Geschichte und landschaftlich schöner Umgebung. Unter dem Patrozinium des Schutzpatrons der Reisenden, des heiligen Georg, steht die **Wehrkirche**. Der wuchtige runde Turm mit sei-

schnitt des deutsch-dänischen Krieges: Am 6. Februar 1864 trafen bei Oeversee die mit den Preußen verbündeten österreichischen Truppen auf die Nachhut der sich nach Norden zurückziehenden dänischen Armee. Das **Gefecht bei eisiger Kälte** forderte auf österreichischer Seite 95 Tote, 40 auf dänischer. 311 Österreicher und 134 Dänen wurden verwundet. Am nächsten Tag machten sich Flensburger Bürger mit Decken, Verbandszeug und Nahrung auf den zehn Kilometer langen Weg, um ohne Ansehen der Nationalität Verwundete und Gefangene zu versorgen.

Die Wehrkirche von Oeversee.

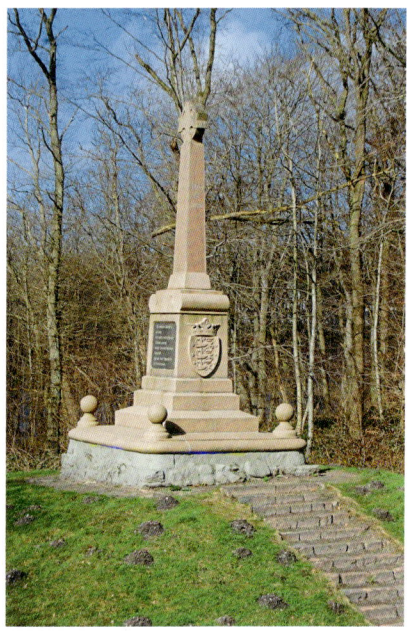

nen noch erhaltenen Schießscharten lässt vermuten, dass die Kirche im 12. Jahrhundert zu einem System von Befestigungen gehörte. Ursprünglich bestand keine Verbindung zwischen Turm und Kirche.

Oeversee liegt an zwei alten Handelswegen: dem **Ochsenweg** und dem **Stapelholmer Weg**, der von Flensburg nach Südwesten an die Eider und die Treene führte. Nach Oeversee benannte Straßen in Wien und Graz erinnern an einen blutigen Ab-

Das Denkmal für die dänischen Gefallenen.

An das Gefecht erinnern zwei Denkmäler zu beiden Seiten der Landstraße (B 76): eines für die gefallenen Österreicher, eines für die Dänen.
www.oeversee.de

Arnkielpark

Das restaurierte Großsteingrab aus der Zeit um 3.500 v. Chr. im Ortsteil Munkwolstrup ist eines der größten archäologischen Bodendenkmäler Europas. Der Arnkielpark, in dem sieben Grabanlagen (sechs so genannte Langbetten und ein Grab im Rundhügel) zu besichtigen sind, ist während der Ausgrabungen entstanden.

Großsteingrab im Arnkielpark.

 Entdecken und Erleben

Die **„Fröruper Berge"**, ein Relikt der jüngsten Eiszeit, sind Teil des Naturschutzgebiets „Obere Treenelandschaft.
Gut eine Stunde dauert der Spaziergang rund um den 55 Hektar großen **Sankelmarker See**.
www.obcretreenelandschaft.de

Essen und Trinken

Das Hotel und Restaurant **Historischer Krug** wurde 1519 erstmals in Chroniken erwähnt; 1624 wurde es vom dänischen König zur Poststation gemacht und in den Rang eines „kongelig privilegeret kro" erhoben. Der Wirt hatte damit die Lizenz zum Bierbrauen, Schnapsbrennen und Brotbacken. Nach einem Großbrand 2018 wurden Hotel und Restaurant wiederaufgebaut.
Grazer Platz 1, 24988 Oeversee,
www.historischer-krug.de

Entlang der TREENE

Paddler und Kanufahrer lieben die idyllische Flusslandschaft der Treene. Bei Großsolt in Angeln fließen die beiden kleinen Flüsse Kielstau und Bondenau in den **Treßsee** hinein und als Treene wieder heraus. Gut 73 Kilometer weiter südlich mündet sie in die Eider. An ihrem Oberlauf liegt das Naturschutzprojekt „Obere Treenelandschaft", bei **Oeversee** biegt der Fluss nach Süden ab, fließt an **Tarp** und **Eggebek** (Kirche 13. Jahrhundert) vorbei, bis **Treia** stets in engen Mäandern. Erst dort weitet

71

sich das Flusstal. Die Nikolaikirche, erbaut um das Jahr 1400, ist nach dem Schutzpatron der Seeleute benannt. In Treia mussten die Flussschiffer früher Zoll bezahlen. Still ist es heute am Ufer von **Hollingstedt**, vor gut 1000 Jahren der lebhafte Nordseehafen von Haithabu.

An einer Treene-Schleife liegt das 200-Einwohner-Dorf **Hude** (das bedeutet Stapelplatz), die nächste enge Windung folgt bei **Schwabstedt**, vom 13.bis ins 17. Jahrhundert hinein Sitz der Schleswiger Bischöfe. Das bischöfliche Schloss findet seinen Niederschlag nur noch auf dem Wappen der Gemeinde, es wurde Ende des 18. Jahrhunderts abgerissen. Die St.-Jacobi-Kiche von Schwabstedt ist ein romanischer Feldsteinbau aus der Zeit um 1200 mit reicher Ausstattung, zum Teil aus der Zeit als Bischofs-Residenz.

Etwa 55 Fluss-Kilometer ab **Eggebek/ Langstedt** sind für Kanus befahrbar. Bis Friedrichstadt gibt es eine Reihe von Einsetzstellen für Boote, unter anderem in Langstedt, Esperstoft, Treia, oder auch Hollingstedt, außerdem Rast- und Zeltplätze.
www.eider-treene.sorge.de

Kirchen

Mit einer Vielzahl von Feldstein- oder Granitquaderkirchen nicht nur unmittelbar an der Schlei besitzt die Landschaft Angeln eine ungewöhnliche Dichte romanischer Dorfkirchen des 12. und 13. Jahrhunderts. Als eine der architektonisch bedeutsamsten gilt die Kirche von **Sörup**. Vermutlich waren es Bauleute vom Schleswiger Dom, die ab etwa 1170 die große Granitquaderkirche St. Marien errichteten. Der dänische König war zu jener Zeit Gutsherr in Sörup und ließ die Kirche vermutlich als Patronatskirche errichten. Aus gotländischem Kalkstein stammt das Taufbecken vom Beginn des 13. Jahrhunderts. Der obere Teil des Taufbeckens, die Kuppa, ist mit Reliefs der heiligen drei Könige, dem Kindermord zu Bethlehem und der Kreuzigung Jesu verziert, der Fuß mit Fabelwesen und Köpfen.

St. Marien wurde zum Vorbild für mehrere weitere Kirchen: **Munkbrarup** (siehe Glücksburg), **Husby, Havetoft** und **Norderbrarup**, dessen Kirche ein eindrucksvolles Tympanonrelief besitzt.

Die sieben Reliefs der **„Hüruper Passion"** in der Marienkirche von **Hürup** (Anfang 13. Jahrhundert) zählen zu den herausragenden Beispielen frühgotischer Plastik in Norddeutschland. Unter einer mehr als sechs Meter langen Folge von Kleeblattbögen zeigen die Reliefs Gefangennahme, Geißelung, Kreuzabnahme, Grablegung und Auferstehung Christi. Entstanden ist das Werk um 1265 vermutlich für die Brüstung eines Lettners. Kunsthistoriker gehen davon aus, dass die Holzschnitzer mit den Plastiken der großen Kathedralen Frankreichs vertraut waren.

Eine Reihe von Kirchen ist im Sommer für Besucher auch außerhalb der Gottesdienste geöffnet.
www.kirchenkreis-schleswig-flensburg.de

FLENSBURG

Hafen, Höfe und Rum

Flensburg (90 000 Einwohner) ist Anziehungspunkt für Menschen beiderseits der Grenze. Während Biertrinker das satte „Plop" der Flaschen der traditionsreichen Flensburger Brauerei (gegründet 1888) schätzen, fürchten Autofahrer dagegen die Fördestadt als „Stadt der Punkte": Hier ist das Kraftfahrtbundesamt mit dem Verkehrszentralregister ansässig.

Im 16. Jahrhundert war die Hafenstadt die größte Seehandelsstadt des dänischen Königs, in preußischer Zeit nach 1864 immerhin drittgrößter Hafen Deutschlands.

1284 erhielt Flensburg das Stadtrecht. Um 1600 waren in der Stadt (6000 Einwohner) 200 Schiffe beheimatet.

Im 16. Jahrhundert war die Hafenstadt die größte **Seehandelsstadt** des dänischen Königs, in preußischer Zeit nach 1864 immerhin drittgrößter Hafen Deutschlands.

Die Stadtgeschichte beginnt im 12. Jahrhundert mit einer Fischersiedlung im Johannis-Viertel am Ende der Förde. Unter dem dänischen König Waldemar erfolgte etwa ab 1170 der Ausbau zu einer Kaufmannsniederlassung. 1284 erhielt Flensburg das Stadtrecht. Um 1600 waren in der Stadt (6000 Einwohner) 200 Schiffe beheimatet.

Flensburgs Wahrzeichen – das Nordertor.

Seit dem 18. Jahrhundert ist der Name Flensburgs untrennbar mit **Rum und Zucker** verbunden. Das Aufblühen der Karibik-Fahrt zu den damals dänischen westindischen Inseln St. Thomas, St. Croix und St. John (heute: US Virgin Islands) führte zwischen 1755 und 1800 zu einer neuen Blüte der Stadt. Der Rohrzucker wurde in Flensburg raffiniert und weiterverkauft. Dazu kam später die Verarbeitung des karibischen Rums.

Durch die Volksabstimmung 1920 wurde Flensburg zur Grenzstadt, der ihr wirtschaftliches Hinterland im Norden abhanden kam. So wie nördlich der Grenze seitdem eine deutsche Minderheit existiert, gibt es südlich davon eine dänische Minderheit, zu der sich etwa 50 000 Menschen bekennen. Hauptsitz der Institutionen der dänischen Südschleswiger ist Flensburg.

Vom 2. bis zum 23. Mai 1945 wurde das weitgehend unzerstörte Flensburg Sitz der letzten Reichsregierung unter Großadmiral Karl Dönitz.

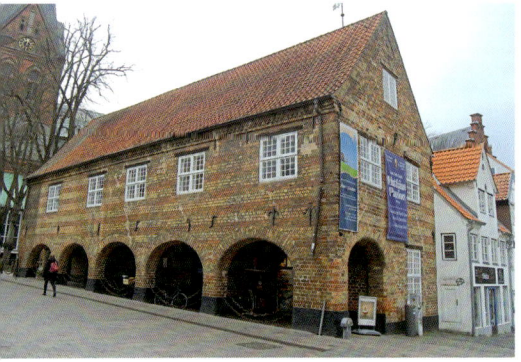

Flensburgs „Schrangen" von 1595.

Altstadt

Ein Gletschertal der letzten Eiszeit prägt das Stadtbild, dahinter geht es steil bergauf. Die Altstadt zwängt sich entlang der Förde auf einen schmalen Streifen von der Marienkirche am **Nordermarkt** bis zu Nikolaikirche am **Südermarkt**; ganz am Ende der Förde liegt das beschauliche Viertel von St. Johannis. Das Leben spielte sich zu beiden Seiten der „Großen Straße" ab, die in den „Holm" übergeht. 1595 wurde das **Nordertor** als Abschluss einer Stadterweiterung nach Norden („Neustadt") errichtet. Es ist das einzige im Landesteil Schleswig erhaltene Stadttor und vor allem Flensburgs Wahrzeichen Von hier bis zur idyllischen „**Roten Straße**" am anderen Ende der Altstadt sind es knapp zwei Kilometer.

Vom Nordertor führt der Weg durch die **Norderstraße** vorbei am **Flensborghus**, als Waisenhaus von 1723 bis 1725 nach dem Vorbild der Franckeschen Stiftung in Halle aus den Steinen der abgerissenen Festung, der Duburg, errichtet. Später diente es als Zucht- und Arbeitshaus, zeitweilig aber auch als Hotel. Seit 1921 wird es von der dänischen Minderheit genutzt. Dort sind der SSW, die Partei der dänischen Minderheit, und der Südschleswigsche Verein (SSF), der kulturelle Dachverband beheimatet. Norderstraße Nr. 59 ist die Adresse der 1959 errichteten und 1985 erweiterten dänischen Bibliothek, der „Dansk Centralbibliotek for Sydsleswig".

Beliebter Treffpunkt - der Neptunbrunnen.

1604 erbaute Haus der Schiffergilde, zugleich städtische Waage.

Typisch für Flensburg sind die **Kaufmannshöfe.** Direkt an der Straße lagen die Kontor- und Wohnhäuser, die Wirtschafts- und Vorratsgebäude dahinter erstreckten sich gestaffelt bis zur Förde, die damals noch weiter ins Land reichte. Die Grundstücke auf der gegenüberliegenden Straßenseite sind kleiner, die Höfe enger. Am Hang unterhalb der westlichen Höhe siedelten sich meist die Handwerker an. Viele Kaufmannshöfe sind liebevoll restauriert, und beherbergen Wohnungen, Galerien, kleine Geschäfte und Restaurants auf engem Raum.

Im **Zuckerhof** (Norderstraße 31) zum Beispiel befand sich im 19. Jahrhundert eine der fünf größten Zuckersiedereien Flensburgs. In den 1980er Jahren liebevoll res-

Das **„Eckener Haus"** (Norderstraße 8), ein typisches Patrizierhaus aus dem 18. Jahrhundert ist das Geburtshaus des Luftfahrtpioniers Hugo Eckener sowie des Malers Alexander Eckener. Der „**Schrangen**" wurde 1595 als Verbindungsbau zwischen Marienkirche und Nordermarkt errichtet. Unter den Arkaden verkauften Bäcker und Schlachter ihre Waren. Im Sommer ist der Nordermarkt mit dem **Neptunbrunnen** (1758) ein beliebter Treffpunkt.

An der Schiffbrücke mit den Werften und den Schiffsliegeplätzen machten die Frachtsegler fest. Hier steht das **Kompagnietor** (Schiffbrücke 12), das zwischen 1602 und

Über 400 Jahre alt - das Kompagnietor.

tauriert und umgestaltet zu Ateliers und Wohnungen für Kunstschaffende wurde der „**Künstlerhof**" (Norderstraße 22), der teilweise noch aus dem 16. Jahrhundert stammt. Einer der besterhaltenen Höfe ist der Komplex Norderstraße 86 (18. Jahrhundert), zum Hafen mit einem Querspeicher von 1716 abgeschlossen. Häuser aus dem 16. bis 19. Jahrhundert bilden das Ensemble des „Kulturhofs", auch **„Brasseriehof"** genannt (Große Straße 42–44).

Auch der Kaufmannshof **Holm Nr. 19/21** zählt zu den Gebäuden aus Flensburgs Blütezeit vor dem Dreißigjährigen Krieg. Repräsentativ: das Vorderhaus, im 18. Jahrhundert und dann noch einmal um 1820 umgestal-

Alles für den Rum – der Westindienspeicher.

tet. Elegant auch das Nachbarhaus mit einer Putzfassade aus der Zeit um 1750, dahinter verbirgt sich der **Borgerforeningen-Hof** mit einem traditionsreichen Restaurant. Aus zwei Höfen zusammengewachsen ist der **„Holmhof"** mit seinen Restaurants, dessen barockes Vorderhaus (Holm 45) im Kern noch aus dem 15./16. Jahrhundert stammt. Der fünfgeschossige Bau des 1789 errichtete **Westindienspeichers**, im 18. Jahrhundert für die Rumfabrikation genutzt, ist der größte Flensburger Speicher (Speicherlinie 34a).

Seit 1995 veranstaltet ein Verein in jedem Sommer die **„Flensburger Hofkultur"** mit Musik von Jazz über Swing bis Pop und Salsa.

www.flensburger-hofkultur

An der Ecke zur Friesischen Straße steht am **Südermarkt 12** das älteste erhaltene Haus der Stadt vom Ende des 15. Jahrhunderts. Durch die „**Rote Straße**" führt der Weg zum „Spital zum Heiligen Geist", dem ehemaligen Franziskaner-Kloster mit Bauteilen vom 13. bis zum 19. Jahrhundert, heute Kern eines um moderne Anbauten erweiterten Altenheims. Hyggelig, auf deutsch: gemütlich, ist die nur 200 Meter lange Rote Straße mit ihren verwunschenen Höfen und einer Vielzahl von Kneipen und Boutiquen. Am Ende lag einst die „Rude Porte", das südliche Ausfalltor der Stadt. Von dort ging es auf den Ochsenweg und weiter nach Süden.

www.rotestrasse.de

Gemütliche Bummelmeile – die Rote Straße.

Heute drängt sich der Autoverkehr auf der verkehrsreichen „Friedrich Ebert-Straße" am Ende der Altstadt. Dort erhebt sich der Klinkerbau des „**Deutschen Hauses**". „Reichsdank für deutsche Treue" steht über dem Portal der Veranstaltungshalle mit angeschlossenem Bibliothekstrakt. Nach der Grenzabstimmung 1920, bei der die Flensburger mit überwältigender Mehrheit für den Verbleib beim Deutschen Reich gestimmt hatten, entstand 1927 bis 1930 dieses Bauwerk in der Formensprache des „Heimatschutzstils", einer Variante des „Art Deco". Rechts ragt das **Flensburger Rathaus** empor. Das zwölfstöckige Bürohochhaus über einem Sockelbau mit vier Geschossen wurde 1961 bis 1964 gebaut und in den Jahren 1995 bis 1997 gründlich renoviert und umgestaltet.

www.deutscheshaus-fl.de

Klinkerbau im Zentrum – das Deutsche Haus.

Hoch hinaus – das Flensburger Rathaus.

Kunstwerken zählt der Altaraufsatz, 1598 von dem Flensburger Bildschnitzer Heinrich Ringeringk angefertigt. Er gilt als ein Hauptwerk der protestantischen Spätrenaissance im Norden. Zum Teil sind noch Gewölbemalereien der Zeit um 1400 erhalten. Lokalgeschichte repräsentiert der Epitaph Beyer (1591). Er zeigt die Stifterfamilie vor dem Stadtbild jener Zeit.
www.st-marien-flensburg.de

Zwischen 1390 und 1480 entstand die **Nikolaikirche** am Südermarkt. Wuchtige runde Backsteinpfeiler tragen das Gewölbe

Die St.-Marien-Kirche.

Die Kirchen der Altstadt

Die Historie der gotischen **Marienkirche** ist eng mit der Stadtgeschichte verknüpft. Das Kirchspiel geht vermutlich auf die Zeit kurz vor 1200 zurück, als die Schiffe größer wurden, ihr Tiefgang zunahm und sie nicht mehr das seichte Ende der Förde erreichen konnten. Zu der Zeit gründeten Kaufleute eine neue Siedlung rund um St. Marien. Eine erste Kirche wurde 1248 zerstört.
Mit ihrer reichen Ausstattung ist St. Marien ein Spiegelbild des Wohlstands des 16. Jahrhunderts. Zu den herausragenden

Seit 1909 erklingt fünfmal täglich ein Glockenspiel aus 17 Glocken.
www.nikolaikirche-flensburg.de

Die **Heilig Geist-Kirche / Helligåndskirken** (Große Straße 43) wurde 1386 als Teil des Hospitals zum Heiligen Geist erbaut. Sie ist die Kirche der dänischen Gemeinde; sehenswert die Fresken, der Barockaltar und die Votivschiffe.
www.dks.folkekirken.dk

Schifffahrtsmuseum

Flensburgs Entwicklung ist untrennbar mit dem Hafen verbunden. Das Museum im ehemaligen Zollpackhaus von 1843 an der Schiffbrücke dokumentiert die Entwicklung der Seehandelsstadt anhand von Dioramen, Schiffsmodellen, Navigationsinstrumenten, Seekarten und dem „Silberschatz des Flensburger Schiffergelags". Ein besonderer Schwerpunkt: der Rum- und

Die St.-Nikolai-Kirche.

der Hallenkirche, mit 52 Metern Länge die größte der Stadt. Nationales Kulturdenkmal ist die Orgel; der 15 Meter hohe und sieben Meter breite Prospekt ist einer der größten Nordeuropas und ein Meisterwerk der Renaissance. Heinrich Ringeringk schnitzte das Werk in fünfjähriger Arbeit ab 1604.

Nach einem Feuer erhielt der 90 Meter hohe Turm im Jahr 1877 einen neugotischen Helm nach Plänen des Architekten Johannes Otzen aus Sieseby an der Schlei. Er entwarf auch das Kappelner Rathaus.

Das Flensburger Schifffahrtsmuseum.

KOSTBARES BLAU

„Welcher nordische Gott auch die Flensburger Förde erschuf – er hatte den Blick des Amateurfotografen. Er wollte augenscheinlich weniger erregen als erheitern…" Als Postkarte und Ausflugslandschaft beschrieb **Siegfried Lenz** die Flensburger Förde, lobte zugleich ihr „argloses Blau" und die alten Buchen am Ufer. Und darin zumindest war er sich mit seinen Dichter- und Schriftstellerkollegen einig.

Theodor Storm schilderte einen Pfingstausflug an die Förde ekstatischer als knapp hundert Jahre später Siegfried Lenz. Der Dichter „aus der grauen Stadt am Meer" war von seiner Reise an die Ostküste äußerst angetan. Im Frühling gebe es kaum einen schöneren, erquickenderen Anblick … als diesen blauen Meerbusen" notierte der Autor des „Schimmelreiter" nach einem Flensburg-Besuch 1875 und lobte die „hügeligen, buchengrün-bekränzten" Ufer. Auch Dänemarks Nationaldichter **Hans Christian Andersen** empfand die Flensburger Förde als „malerisch". Auf Einladung des dänischen Königs war er 1844 auf die Nordseeinsel Föhr gereist. Christian VIII. verbrachte ab 1842 die Sommer regelmäßig in Wyk und lud nun auch den angesehenen Dichter Hans Christian Andersen auf die Insel ein.

Auf der Rückreise besuchte Andersen die Fördestadt Flensburg. „Selbst die wallenden Nebel des Herbstes verleihen der Landschaft etwas noch Malerischeres", vermerkte er begeistert und lobte die „bergartigen Anhöhen", die Abwechslung „durch den gewundenen Fjord" und die „stillen Süßwasser-Seen". Andersen logierte im

In jedem Haushalt: Theodor Storm auf der Briefmarke.

Dänemarks Nationaldichter Hans Christian Andersen.

„Hotel Stadt Hamburg", damals dem besten der Stadt, an der Ecke Südermarkt und Rote Straße gelegen. Von der Wirtin, Madame Döll, fühlte er sich bestens umsorgt. Ganz anders erging es offensichtlich **Theodor Fontane**. Als Kriegsberichterstatter im Auftrag der konservativen „Kreuzzeitung" folgte der Schriftsteller und Apotheker aus Neuruppin den preußischen und österreichischen Truppen Anfang des Jahres 1864 durch Schleswig-Holstein bis zum Schlachtfeld von Düppel. Über Flensburg jedoch verliert er kein Wort. Er beklagte sich nur über sein schlechtes Zimmer im – heute nicht mehr existierenden – Hotel Rasch. Und vielleicht war das ja auch der Grund für sein abstrafendes Schweigen. Immerhin aber lobte auch er beim Anblick von Wassersleben „das kostbare Blau der Flensburger Bucht".

Im Herbst 1864 reiste Fontane durch Jütland bis hinauf nach Skagen und anschlie-ßend nach Roskilde und Kopenhagen. In seinem Bericht von dieser Rundreise schildert er seinen Lesern die „Fjorde oder Föhrden" als die größte Schönheit des Ostens.

Das Schloss von Gravenstein lobt er dabei als „stattlichen Bau", und Broacker beschreibt er als „kostbares Stück Landschaft".

Und noch einmal Siegfried Lenz: Mit liebevoll ironischer Distanz betrachtete er seine Lieblingsinsel Alsen, wo er viele Sommer verbrachte: „Nicht einmal durch den Boden einer Seltersflasche gesehen nötigt uns die Landschaft … zu bewunderndem oder gar überwältigtem Ausruf." Der gedrungenen Anmut entspreche nur „wortkarge, diskrete, schwerfällige" Begeisterung. „Jo fint, sagt man."

Als Kriegsberichterstatter im Norden: Theodor Fontane.

Maritime Atmosphäre am Museumshafen.

Sogar einen Segler auf dem Dach – die Museumswerft.

Zucker-Import mit seiner Schattenseite, dem Sklavenhandel. Ein weiterer Akzent liegt auf der Fördeschifffahrt als „Kreuzfahrt der kleinen Leute". Im „Maschinenhaus" wird der Wandel der Schiffstechnik der letzten hundert Jahre dokumentiert. Schiffbrücke 39, 24939 Flensburg www.schiffahrtsmuseum.flensburg.de

Historischer Hafen

Wo einst die segelnden Frachtschiffe anlegten, erstreckt sich vor dem Schifffahrtsmuseum heute einer von Europas größten

Einlaufen zur „Rumregatta".

der Hafenspitze repräsentieren mehr als 130 Jahre Entwicklung im Yachtbau. Größte Veranstaltung des Vereins Museumshafen ist jedes Jahr am Himmelfahrtswochenende die **„Rumregatta"** – und das bereits seit 1980. Zum **„Dampfrundum"** alle zwei Jahre machen in Flensburg alte Eisbre-

historischen Häfen, gewachsen aus einer Vielzahl von Initiativen zum Erhalt des maritimen Erbes der Stadt.

Der bereits seit 1979 bestehende Verein „**Museumshafen Flensburg**" bildete den Anfang der Entwicklung. Seine Mitglieder wollen die traditionell in der Ostsee beheimateten Typen von Frachtseglern und Fischereifahrzeugen, aber auch Zoll-, Lotsen- und Rettungskutter erhalten und der Öffentlichkeit präsentieren. Mit eigenen Kräften sanierten sie ein altes **Bohlwerk** als Kaianlage für ihre Schiffe.

Die Einweihung des Schifffahrtsmuseums 1984 sorgte für weiteren Auftrieb. Im Lauf der Zeit kamen immer neue Facetten der maritim-historischen Geschichte hinzu, darunter Schlepper, kleine Frachter oder eine Jollensammlung. Auf der **Museumswerft** (eine gemeinnützige GmbH) werden seit 1996 in traditioneller Holzbauweise Boote gebaut. Mit dem Verein „**Klassische Yachten Flensburg**" wurde das Konzept noch einmal erweitert. Die Boote des Vereins an

Rauchende Schlote beim „Dampf Rundum".

cher und Dampfschlepper, aber auch kleine Dampfboote fest, um von Tausenden von Besuchern bestaunt zu werden. Höhepunkt ist das Dampferrennen. Die **„Flensburger Regatta"** im Herbst ist eine Erinnerung an das erste Rennen auf der Ostsee im Jahr 1855.
www.historischer-hafen.de

Salondampfer „Alexandra"

Eines der **Flensburger Wahrzeichen** und ebenfalls Teil des historischen Hafens ist der 1908 in Hamburg gebaute Salondampfer **„Alexandra"**. Am Ende des Zweiten Weltkriegs transportierte das mit Kohle betriebene, 37 Meter lange Schiff Flüchtlinge aus dem Osten an die schleswig-holsteinische Küste. Seit 1982 ist der von einem Verein mit großem Aufwand gepflegte Dampfer schwimmendes Kulturdenkmal (1990 Eintragung in das Denkmalbuch). www.dampfer-alexandra.de

Yachting Heritage Center

Die Geschichte der „**Robbe & Berking"** **Yachtwerft** und des **„Yachting Heritage Center"** beginnt mit der Leidenschaft von Oliver Berking fürs Segeln und die eleganten Linien alter Boote, der klassischen Yachten. Nach der erfolgreichen Restaurie-

Flensburgs Flaggschiff – der 1908 gebaute Salondampfer „Alexandra".

rung einer 12mR-Yacht entschloss sich der Inhaber der traditionsreichen Flensburger Silbermanufaktur, die Restaurierung oder auch den Nachbau alter Schiffe professionell anzugehen. Seit Sommer 2008 entstehen am Stadthafen auf der Ostseite der Förde Nachbauten historischer Yachten, und es werden Boote restauriert.

Hinzugekommen ist das „**Yachting Heritage Centre**" direkt neben der Yachtwerft. Es soll die Tradition des klassischen Yachtsegelns bewahren und die Geschichte und Schönheit der Yachten für die Öffentlichkeit zugänglich machen.

Das elegante „Yachting Heritage Centre".

Neben der jeweils aktuellen Ausstellung beherbergt das Haus die größte Yachtsportbibliothek der Welt, zwei Galerien, einen Museumsshop und ein Museumsrestaurant mit Blick auf die Flensburger Altstadt.

Robbe&Berking Classics
Am Industriehafen 5, 24937 Flensburg
Yard.robbeberking.com

Yachting Heritage Centre e.V.
Harniskai 13, 24937 Flensburg
www.yachtingheritagecentre.com.

 Entdecken und erleben

Phänomenta
Auf über 3500 Quadratmetern wird in dem Science-Center (Teil der Europa-Universität Flensburg) unmittelbar neben dem Norder-

tor eine Vielzahl interaktiver Stationen angeboten, die zum Experimentieren einladen. In der **Zwergenphänomenta** können Kinder zwischen drei und sechs Jahren gut zwanzig altersgerechte Experimente ausprobieren.

Norderstraße 157–163, 24939 Flensburg
www.phaenomenta-flensburg.de

Wettkampf der großen, alten Yachten.

85

Flensburgs Rumhäuser

Bereits seit 1878 besteht als ältestes noch bestehendes Rumhaus das Unternehmen **A. H. Johannsen** in der Marienstraße, das heute in vierter Generation geführt wird. Am Firmensitz in einem 300 Jahre alten Kaufmannsspeicher werden auch Führungen angeboten.

Marienstraße 6, 24937 Flensburg
www.johannsen-rum.de

Zum **Wein- und Rumhaus Braasch** in der Roten Straße gehört auch ein kleines Museum, in dem Besucher etwas über die Flensburger Rumgeschichte und die Herstellung von Rum und Zucker erfahren können.

Rote Straße 26–28, 24937 Flensburg
www.braasch.sh

Zu Fuß um den Hafen

Der knapp fünf Kilometer lange **Flensburger Kapitänsweg** ist ein Rundgang um

Bedeutende Architektur – die Bundsen-Kapelle.

den Hafen. Besucher begleiten einen (fiktiven) Kapitän aus der Zeit der Segelschifffahrt beim Verzollen der Ware, dem Entladen oder auch dem Anheuern von Matrosen. Die Route wird durch Bodenplatten mit Steuerrad-Motiv markiert, Startpunkt ist am Schifffahrtsmuseum.

Die **Rum & Zucker Meile** beginnt ebenfalls am Schifffahrtsmuseum. Sie führt die Besucher zu den Spuren, die die Westindienfahrt im Flensburger Stadtbild hinterlassen hat. Zu entdecken sind dabei das bauliche Erbe der Kaufmannsfamilien und der Zuckerraffinadeure; sie führt auch zu den heute noch existierenden Rumhäusern.

www.flensburger-foerde.de

Westliche Höhe

Die „westliche Höhe" oberhalb der Altstadt blieb lange unbebaut. Als erste siedelten sich hier die „Reepschläger", die Seilmacher, an. Um Taue oder die bis zu 220 Meter langen dicken Trossen für die Segelschiffe zu schlagen, benötigten sie mehr Platz als am Hafen vorhanden war. Heute blickt eine Reihe imposanter Backsteingebäude an der Hangkante auf die Altstadt herab. Dazu gehören das von 1900 bis 1903 gebaute Museum, das bereits zwischen 1879 und 1882 errichtete Amts- und Landgericht, das Alte Gymnasium (1912–1914) und schließlich das 1922 entstandene dänische Gymnasium Duborg Skolen mit seinem Erweiterungsbau der 1970er Jahre.

Einst standen auf der westlichen Höhe die Kornmühlen der Stadt, darunter eine Mühle des im Westindienhandel zeitweise führenden Handelshauses Christiansen. Ein Teil seines Grundbesitzes bildet den heutigen **Christiansenpark**, ein weiterer Abschnitt ist Teil des Museumsbergs, und als „schöner Garten Gottes" entstand zwischen beiden 1813 der **„Alte Friedhof"**, einer der ersten kommunalen Friedhöfe Nordeuropas (Selckstraße/Stuhrsallee).

Mehr als 600 historische Grabstätten prägen sein Bild. Zahlreiche Gefallene der schleswig-holsteinischen Auseinandersetzungen von 1848 bis 1851 und von 1864 sind dort begraben. Die unter Denkmalschutz stehende Friedhofs-Kapelle wurde vom dänischen Architekten **Axel Bundsen** entworfen. Sie zählt zu den bedeutendsten Beispielen des Klassizismus im Norden. Von Bundsen stammt auch der Entwurf des Friedhofs, der in der Form eines antiken Sarkophags angelegt wurde.

Im übrig gebliebenen Teil des **Landschaftsparks** ist eine Felsengrotte erhalten, die im 19. Jahrhundert mit einem phönizischen Sarkophag (um 360 v. Chr.) ausgestattet wurde. Südlich des Museums steht die **Spiegelgrotte**, ein unterirdisch angelegter achteckiger Kuppelbau von 1820 (gelegentlich bei Führungen zu besichtigen).

Teil des Christiansenparks war auch das **„Eiszeithaus"**, ebenfalls um 1820 als neugotisches Wirtschaftsgebäude zum Unterstellen der Pferde gebaut. Heute dient es

Mächtige Skulptur – der Idstedt-Löwe.

als erdgeschichtliches Schaumagazin des Naturwissenschaftlichen Museums Flensburg.

www.christiansenpark.de

Idstedt-Löwe

Im Jahr 2011 kehrte die Skulptur des **„Idstedt-Löwen"** auf den Friedhof zurück. 1862 wurde das 7,20 Meter hohe Denkmal mit einem großen Festakt im Andenken an die dänischen Gefallenen der Schlacht von Idstedt 1850 (siehe dort) enthüllt. Für die Schleswig-Holsteiner war der Bronze-Löwe dagegen ein Zeichen ihrer Niederlage.

87

Als Schleswig und Holstein nach dem deutsch-dänischen Krieg von 1864 preußisch wurden, zog die Skulptur zum ersten Mal um. Das dänische Symbol des Anspruchs auf ein Königreich bis zur Eider wurde zur preußischen Kriegsbeute. Von 1868 bis 1878 stand der Löwe im Innenhof des Berliner Zeughauses, danach vor der Kadettenanstalt Lichterfelde. Ende 1945 folgte mit Hilfe amerikanischer Besatzungstruppen der Umzug nach Kopenhagen. Nach vielen kontroversen Debatten wurde die Skulptur schließlich an ihrem alten Platz wie einst mit dem Blick nach Süden aufgestellt.

Museumsberg

Aus dem ursprünglichen Kunstgewerbemuseum wurde ein ganzer Museumsberg: Zwei Gebäude, das Heinrich-Sauermann-Haus und das Hans-Christiansen-Haus geben einen Einblick in die Kunst- und Kulturgeschichte des Landesteils Schleswig.

Heinrich Sauermann (1842 bis 1904), Museumsdirektor und Möbelfabrikant, trug eine der umfangreichsten Möbelsammlungen mit Stücken vom Mittelalter bis ins 19. Jahrhundert zusammen, außerdem Bauernstuben und eine umfangreiche Sammlung mittelalterlicher Altäre. Von 1884 bis 1888 wurde **Emil Nolde** als Zeichner und Schnitzer in der damaligen Kunstgewerbeschule, ausgebildet. Dabei war er auch an der Restaurierung des Brüggemann-Altars im Schleswiger Dom beteiligt.

Das Hans-Christiansen-Haus widmet sich der schleswig-holsteinischen Malerei des 19. und 20. Jahrhunderts. Dazu zählen Bilder der Künstlerkolonie Ekensund, heute Egernsund nördlich der Grenze, wie auch zahlreiche Werke von **Emil Nolde, Ernst Barlach** oder **Erich Heckel,** der viele

Flensburgs Kulturzentrum auf dem Museumsberg.

Sommer in seinem Ferienhaus an der Flensburger Förde verbrachte.

Aus Noldes Zeit als Kunstgewerbelehrer in St. Gallen in den 1890er Jahren stammen 30 sogenannte Bergpostkarten mit humorvoll interpretierten Motiven der Schweizer Bergwelt, die vollständig nur in der Flensburger Sammlung vertreten sind.

Im Heinrich-Sauermann-Haus hat außerdem das Museum für Naturkunde seinen Sitz.

Museumsberg 1, 24937 Flensburg, www.museumsberg.flensburg.de

Das Viertel St. Johannis

Schon vor rund 1000 Jahren trafen sich an einer Furt des Mühlenstroms mehrere Verkehrswege. Aus Westen kam die heute noch im Stadtbild vorhandene **Friesische Straße**, nach Osten ging es auf dem Angelboweg weiter, der heutigen Angelburger Straße. Vermutlich bereits im 11. Jahrhundert ließen sich die ersten Fischer dort nieder. Eine der ältesten Straßen Flensburgs ist die **Süderfischerstraße** unterhalb des Kirchhügels von St. Johannis.

Die Kirche

Die **St.-Johannis-Kirche** ist Flensburgs ältestes Gotteshaus, im 12. Jahrhundert aus Feldsteinen errichtet. Der barocke Turm wurde erst 1741 angefügt. Auffällig sind die spätgotischen Gewölbemalereien aus dem frühen 16. Jahrhundert, in die Apostel und Apostelsymbole eingesetzt sind.

Aus etwa derselben Zeit stammt eine wei-

Die St.-Johannis-Kirche aus dem 12. Jahrhundert.

tere Kirche mit dem Patrozinium von Johannes dem Täufer: Die Geschichte der spätromanischen Feldsteinkirche St. Johannis von **Adelby** (1974 eingemeindet) im Osten der Stadt reicht ebenfalls zurück bis ins 12. Jahrhundert, auch wenn Turm (1726) und Äußeres heute barock wirken.

Zwischen beiden Kirchen bestand im Mittelalter vermutlich eine enge Beziehung.
Johanniskirchhof 22, 24937 Flensburg
www.kirchenkreis-schleswig-flensburg.de

Östliche Höhe / Mürwik

Wo jetzt die kurz nach 1900 errichtete **St.-Jürgen-Kirche** aufragt, befand sich im Mittelalter ein Lepra-Hospital gleichen Namens. Erst spät wurde das Ostufer besiedelt. Heute wird der Stadtteil **Jürgensby** geprägt von engen Gassen und den pittoresken Häusern ehemaliger Kapitäne und Seeleute, die sich am Abhang zum Fördeufer drängen.

Zwischen 1907 und 1910 entstand auf dem Ostufer die **Marineschule Mürwik,** wo heute die Offiziere der Deutschen Marine ausgebildet werden. Die Architektur des hochaufragenden Gebäudes ist von der Backsteingotik der Marienburg beeinflusst.

Unter dem Namen **Sonwik** erhielt der frühere Marinestützpunkt eine neue Zukunft. Der moderne Stadtteil am Wasser mit Promenade, Restaurants und Marina soll Leben und Arbeiten verbinden. Dabei wurden zum Teil die ehemaligen Marinegebäude genutzt, die ältesten stammen aus dem Jahr 1917, teils entstanden Neubauten wie zum Beispiel die beiden Hochhäuser „Luv" und „Lee". Hingucker sind die 20 Wasserhäuser auf den Außenmolen des Hafens.
www.sonwik.de

Ein Schloss an der Förde – die Marineschule Mürwik.

▶ Entdecken und Erleben

1,5 Millionen Liter Trinkwasser sind im **Wasserturm Mürwik** gespeichert. Die Aussichtsplattform in 26 Metern Höhe bietet einen grandiosen Weitblick über die Stadt und die Förde. Geöffnet Mai bis September.
Am Volkspark 500, 24943 Flensburg
www.stadtwerke-flensburg.de

Universität / Hochschule

Die Ausbildung von Nautikern und Schiffsingenieuren hat in Flensburg eine lange Tradition. 2011 feierte die damalige **Fachhochschule**, jetzt **Hochschule** (mehr als 4000 Studierende) 125 Jahre Seefahrtsausbildung; daneben bietet sie moderne Studiengänge wie Biotechnologie, Verfahrenstechnik, Energietechnik.
Hochschule Flensburg,
Kanzleistraße 91–93, 24943 Flensburg
www.hs-flensburg.de

Die **Universität** Flensburg (4400 Studierende) ist 1994 aus der Pädagogischen Hochschule hervor gegangen. Sie profiliert sich mit grenzüberschreitenden wirtschaftswissenschaftlichen und sprachlich-kulturellen Studiengängen in enger Kooperation mit der Syddansk Universitet (siehe auch Sønderborg / Sonderburg).
Auf dem Campus 1, 24943 Flensburg
www.uni-flensburg.de

Leben und Arbeiten am Wasser in Sonwik.

Flensburg und die Förde vom Wasser aus entdecken

Ein besonderes Erlebnis ist eine Fördefahrt unter Dampf mit der **„Alexandra"**. Sie läuft von Mai bis September an ausgewählten Wochenenden aus und begleitet außerdem die großen Hafenfeste, Tickets (sehr begehrt) am gelben Pavillon an der Dampferbrücke.
Förderverein Salondampfer Alexandra
Schiffbrücke 37, 24939 Flensburg
www.dampfer-alexandra.de

Schiffssimulator der Hochschule Flensburg.

91

Nach Glücksburg und rund um die Ochseninseln geht es mit der 28 Meter langen „MS Viking". Bis zu fünf Fahrten werden täglich von der Fördebrücke in Flensburg aus angeboten; Fahrräder können gegen Aufpreis mitgenommen werden.
Augustastr. 9, 24937 Flensburg
www.viking-schifffahrt.de

„MS Flora II" legt zu kürzeren Hafen- und Förderundfahrten (45 Minuten) ebenfalls von der Fördebrücke ab.
Flensburger-Fähr-Betrieb
Am Kanalschuppen 6, 24937 Flensburg
www.flensburger-faehr-betrieb.de

Essen und Trinken (Auswahl)
Das Fischrestaurant
„Piet Henningsen" von 1886 liegt unmittelbar am Hafen.
Die malerische Dekoration stammt von Seeleuten aus aller Welt.
Schiffbrücke 20, 24937 Flensburg
www.restaurant-piet-henningsen.de
Gleich neben dem Schifffahrtsmuseum

in einem Haus von 1840: die
„Hafenküche" mit täglich wechselnder Speisekarte.
Schiffbrücke 40, 24937 Flensburg
www.hafenkueche-flensburg.de

Im Holmhof: Restaurant
„Alte Senfmühle"
Holm 45, 24937 Flensburg
www.alte-senfmühle

Mit Blick auf die Altstadt:
Mäder's Restauration
Ballastkai 9, 24937 Flensburg
www.maeders.de

Ristorante Italia im „Yachting Heritage Centre"
Harniskai 13, 24937 Flensburg
www.ristoranteitalia.de

Tourist-Information
Nikolaistraße 8
24937 Flensburg
www.flensburger-foerde.de

HARRISLEE

400 Jahre Industriegeschichte

Nicht Flensburg ist die Stadt an der Grenze zu Dänemark, sondern Harrislee ist der unmittelbare Nachbar der dänischen Kommune Aabenraa/Apenrade. Die 11 000-Einwohner-Gemeinde profitiert seit Jahrzehnten erfolgreich vom Grenzhandel, immerhin liegen gleich zwei Grenzübergänge auf Gemeindegebiet (Padborg und Kupfermühle). Der Strand von **Wassersleben** ist Flensburger Naherholungsgebiet und Harrislee selbst ein beliebter Wohnvorort.

Kupfermühle / Kobbermølle – Kupfer für die königliche Flotte

Unmittelbar südlich der deutsch-dänischen Grenze liegt **Kupfermühle / Kobbermølle** an der Mündung der Krusau / Krusaa. Der Harrisleer Ortteil ist durch ein Kupfer- und Messing-Werk entstanden, das der dänische König Christian IV. dort um 1600 errichten ließ und das bis 1962 bestand. Erst die Kombination verschiedener Faktoren wie Erz aus Skandinavien, das über See transportiert wurde, das Wasser der Krusau, Brennholz aus der Region und nicht zuletzt die merkantilistische Wirtschaftspolitik des Königs machten den Bau des ersten Kammerwerks Anfang des 17. Jahrhunderts überhaupt möglich.

Kupferplatten wurden unter anderem benötigt, um die Unterwasserschiffe der großen Segelschiffe gegen Bewuchs zu schützen. Das letzte noch erhaltene Schiff, das mit Platten aus Kupfermühle beschlagen wurde, ist die Fregatte „Jylland" (Baujahr 1860), die an der Schlacht vor Helgoland 1854 teilnahm. Sie ist als Museumsschiff in Ebeltoft östlich von Aarhus erhalten.

Ein **Museum** vermittelt die Geschichte des Kupfer-Werkes, das zeitweilig eine der größten Fabriken im Herzogtum Schleswig war. Betrieben wird es von der 2009 gegründeten gemeinnützigen Gesellschaft **Industriemuseum Kupfermühle**. Ge-

Historische Gebäude in Kupfermühle.

zeigt werden auch Exponate aus der Fabrik- und Siedlungsgeschichte. Unter Denkmalschutz stehen die ehemaligen Wohnhäuser einer der ältesten Industrie-Arbeitersiedlungen Nordeuropas.

Einst: Soldaten am Grenzübergang Schusterkate.

93

Nur für Fußgänger – Grenzübergang Schusterkate.

Von Kupfermühle aus führt der kleine Grenzübergang **Schusterkate** weiter nach Dänemark.

Industriemuseum Kupfermühle
Messinghof 3, 24955 Harrislee
www.industriemuseum-kupfermühle

▶ **Entdecken und Erleben**

In Kupfermühle beginnt der 430 Kilometer lange **Ostseeküsten-Radweg.** Im Norden Schleswig-Holsteins führt er an der Flens-

burger Förde entlang bis Kappeln, er endet in Lübeck-Travemünde.
www.ostsee-schleswig-holstein.de

Abstecher: WALLSBÜLL – Moderne Wikinger bauen ein Dorf

Wikinger erobern Wallsbüll: Seit 2009 wächst am Rande des Dorfes eine wikingerzeitliche Hofanlage. Mit finanzieller Unterstützung aus Regionalfördermitteln der EU und der Gemeinde errichtet der Wikinger-Verein **„Valsgaard"** einen Hof aus acht unterschiedlichen Gebäuden, die der Zeit

Freizeit-Wikinger in Wallsbüll.

zwischen 700 und 1000 n. Chr. nachempfunden sind.

Neben wikingerzeitlichen Urnengräbern und ist in Wallsbüll auch ein seit vielen Jahrhunderten genutztes Eichenkratt erhalten. Der Niederwald wurde früher nicht nur zur Holzgewinnung, sondern auch als Viehweide genutzt. Aus dem 12. Jahrhundert stammt die Feldsteinkirche.
www.Wallsbüll.de

 Entdecken und erleben

Der 95 Kilometer lange Küstenwanderweg **Fördesteig** reicht von der dänischen Grenze bis an die Schlei und ist auf deutscher Seite die Fortführung des dänischen Gendarmenpfades (Gendarmsti). Der vom Naturschutzbund Deutschland e.V. (NABU-Gruppen Flensburg/Ostangeln) konzipierte Weg führt durch Naturschutz- oder naturnahe Gebiete und oftmals direkt am Strand entlang. Beginnend an der Schusterkate bei Wassersleben verläuft der Wanderweg durch Flensburg, entlang der Küsten Glücksburgs durch das Naturschutzgebiet Holnis, über Langballigau, rund um die Geltinger Birk bis nach Kappeln; ausführlicher Wanderführer im Internet unter:
www.fördesteig.de

GLÜCKSBURG

Deutschlands nördlichste Stadt

Das weiße Wasserschloss gab dem Ort seinen Namen und prägte seine Entwicklung. Attraktion Nummer zwei ist der weiße Strand mit Panorama-Blick auf die dänische Seite der Förde. Seit 1872 darf sich Deutschlands nördlichste Stadt (6000 Einwohner) Ostseebad nennen und kann mit einem Fünf-Sterne-Hotel um Gäste werben. Eine traditionsreiche Yachtschule (Deutscher Hochseesportverband Hansa, gegründet 1925), ein großer Yachthafen sowie ein Golfplatz zählen zu den weiteren Markenzeichen Glücksburgs.
www.flensburger-foerde.de

Das Schloss – Wiege der Königshäuser

„GGGMF" – „Gott gebe Glück mit Frieden" ließ Herzog Johann der Jüngere (1545–1622) in das Portal seines neuen Schlosses meißeln, das er zwischen 1582 und 1587 auf den Resten des mittelalterlichen Rudeklosters errichten ließ. Die Grundmauern des Zisterzienserklosters sind unter dem See verschwunden, der das **Wasserschloss** umgibt. Der weiße Bau aus drei nebeneinanderstehenden Giebelhäusern zählt zu den Hauptwerken der Renaissance im Land.

In der schleswig-holsteinisch-dänischen Geschichte nimmt Glücksburg einen wichtigen Platz ein. Das Schloss ist die Residenz der Herzöge von Schleswig-Holstein-Sonderburg-Glücksburg, einer Nebenlinie des dänischen Königshauses.

Als Christian IX. kam **Prinz Christian von Schleswig-Holstein-Sonderburg-Glücksburg** im Jahr 1863 auf den dänischen Thron, er starb 1906. Durch ihn wurde Glücksburg zum Stammschloss der dänischen, norwegischen und griechischen Königshäuser. Er wird deshalb oft als „Schwiegervater Europas" bezeichnet und Glücksburg als „Wiege der europäischen Königshäuser". Die Nachkommen Christians finden sich in den fürstlichen Familien vieler Länder: unter anderem in Belgien, England, Frankreich, Griechenland, Luxemburg, Monaco, Norwegen, Rumänien, Russland, Spanien, Schweden, Deutschland und Österreich. Der heutige Hausherr des Glücksburger Schlosses, Prinz Christoph zu Schleswig-Holstein, ist ein Vetter der dänischen Königin. Auch **Prinz Philip**, der Herzog von Edinburgh, entstammt väterlicherseits dem Haus Glücksburg.

Eine der eindruckvollsten Schlossanlagen im Norden – das Wasserschloss in Glücksburg.

Zu den prominenten Besuchern des Schlosses gehörte vor gut hundert Jahren **Auguste Viktoria** (1858–1921), Deutschlands letzte Kaiserin aus dem Haus Schleswig-Holstein-Sonderburg-Augustenburg. Ihre Schwester Caroline Mathilde war mit Herzog Friedrich Ferdinand (1855–1934) verheiratet. Immer dann, wenn Wilhelm II. im Sommer ohne Gattin per Schiff zu seinen Nordlandreisen aufbrach, kam Auguste Viktoria an die Flensburger Förde. Schlossbesucher können unter anderem die Wohnräume der Kaiserin besichtigen. Mehr als 550 Rosensorten wachsen im „Rosarium" in der ehemaligen Schlossgärtnerei.

www.schloss-glücksburg.de
www.gluecksburg-urlaub.de

Kirchen

Lange Zeit war die 1717 barock umgestaltete Schlosskapelle das einzige Gotteshaus im Ort. Glücksburg wie auch die Halbinsel Holnis gehörten zum Kirchspiel **Munkbrarup**.
Der Name des Dorfes fünf Kilometer südlich von Glücksburg erinnert an die Mönche (dänisch: Munk) des Rudeklosters. Die romanische Granitquaderkirche **St. Laurentius** ist eine der bedeutsamen romanischen Granitquaderkirchen Angelns aus der Zeit um 1200, der spätgotische Westturm aus Backstein gemauert. Die Kirche besitzt neben einem Triumphkreuz vom Ende des 15. Jahrhunderts, das vermutlich aus dem Kloster

stammt, unter anderem eine eindrucksvolle Granittaufe (um 1200) mit der Reliefdarstellung eines Löwenkampfes.

 ## Entdecken und Erleben

Energie begreifen

Als Zentrum für nachhaltige Entwicklung versteht sich „**artefact**", Deutschlands erster Energie-Erlebnis-Park mit Informationen rund um Kohle, Sonne, Wind und Wasser. „Energie begreifen" heißt das Motto des „Edutainment-Parks".
Artefact Powerpark
Bremsbergallee 35, 24960 Glücksburg, www.artefact.de

Essen und Trinken

Mit zwei Michelin Sternen ausgezeichnet ist das Restaurant
Meierei Dirk Luther
im „Vitalhotel Alter Meierhof"
Uferstraße 1,
25960 Glücksburg-Meierwik
www.altermeierhof.de

Restaurant Felix
im Strandhotel Glücksburg,
Kirstenstr. 6, 24960 Glücksburg
www.strandhotel-gluecksburg.de

„Glück in Sicht Ostseelodges"
Schwennaustraße 37,
24960 Glücksburg
www-glück-in-sicht.de

Touristinformation Glücksburg
Schinderdam 5 im Rathaus,
24960 Glücksburg
www.flensburger-foerde.de

Halbinsel Holnis

Die sechs Kilometer lange Halbinsel, nördlichster Festlandpunkt Deutschlands, trennt die Flensburger Innen- von der Außenförde. Theodor Fontane, 1864 als Kriegsberichterstatter in Schleswig-Holstein unterwegs, setzte der Halbinsel ein literarisches Denkmal: In seinem 1891 erschienenen Roman „Unwiederbringlich" wurde Holnis zu „Holkenäs", dem Herrensitz des Grafen Holk. Betreten hat er die Halbinsel allerdings nie, er fuhr mit dem Schiff daran vorbei.
Am **Fährhaus Holnis** von 1824 (Restaurant/Café mit Ausblick auf die Förde) erinnert eine Tafel an Fontane. Bis 1860 pendelte eine Fähre von Holnis nach Brunsnis/Brunsnæs auf der dänischen Seite der Förde.
Auf der Westseite von Holnis befinden sich der rot-weiße Leuchtturm (1967) und der **Yachthafen von Schausende**, das Noor und der Pugumer See sind Naturschutzgebiete. Die Ostseite mit dem Strand von **Drei** ist Urlaubs- und Wochenendrevier. Um die Spitze der Halbinsel führt ein beliebter Wanderweg, der nach Theodor Fontane benannt wurde. An der Spitze befindet sich das Seemannsgrab des 1850 bei der Heimkehr aus Westindien an Cholera gestorbenen Flensburger Steuermanns Peter Thomson. Seine Kameraden begruben ihn am Strand.

LANGBALLIGAU – Idyllischer Hafen

Vom kleinen Fischerhafen an der Mündung der Au in die Flensburger Förde zum quirligen Seglertreffpunkt gemausert hat sich **Langballigau** und ist doch idyllisch geblieben.
Das Tal der gleichnamigen Au gilt als eines der landschaftlich reizvollsten Bachtäler an der schleswig-holsteinischen Ostseeküste. Es lässt sich komplett von Westerholz nach Unewatt durchwandern.
Der expressionistische Maler **Erich Heckel** (1883–1970) liebte die Förde und ihre Steilufer. Ab 1913 kam er mehrere Jahrzehnte

Das historische Fährhaus in Holnis.

lang jeden Sommer nach Westerholz. Wahrzeichen der Nachbargemeinde von Langballigau ist die **Mühle „Steinadler"** von 1877. Der Galerie-Holländer ist auch vom Wasser aus weit zu sehen. Die Mühle wurde ursprünglich als Sägemühle für die benachbarten Brennöfen der Ziegeleien eingesetzt, daher auch der Name Steinadler. 1905 wurde sie umgebaut, um Korn zu mahlen. Jetzt dient sie als Hotel und Restaurant.

www.flensburger-foerde.de
www.westerholzmuehle.de

Landschaftsmuseum Unewatt

Ein ungewöhnliches Konzept wurde für das **Landschaftsmuseum Unewatt** realisiert. Ein lebendiges Dorf ist zugleich Freilichtmuseum. Fünf „Museumsinseln" liegen an unterschiedlichen Stellen verteilt in Unewatt, keine wurde extra dorthin verlagert. Die Räucherei und das Trafohaus, die wasserradbetriebene Buttermühle, die Windmühle „Fortuna" (1878) und die Christesen-Scheune sind alle ein Stück Dorfgeschichte.

Nur der **Marxenhof**, ein Südangeliter Fachhallenhaus von 1626 mit Umbauten von 1797 und 1825, wurde von Süderbrarup nach Unewatt versetzt. (Geöffnet April bis Oktober).

Windmühle „Fortuna" aus dem Jahr 1878.

Gaststätte im Landschaftsmuseum Unewatt.

Essen und Trinken

Landhaus Unewatt in einer ehemals königlichen Kate des 18. Jahrhunderts.
Unewatter Str. 8, 24977 Langballig
www.landhaus-unewatt.de

Mit Café und Weinstube: Deutschlands nördlichste Obstbrennerei ist die
Dolleruper Destille
Neukirchener Weg 8a, 24989 Dollerup
www.alles-apfel.de

Bismarck-Turm vom Jugendhof Scheersberg.

 Entdecken und Erleben

Mit der **Fahrradfähre** auf der Förde unterwegs: Die Fähre „Rødsand" mit Platz für zwölf Passagiere und zwölf Fahrräder fährt zwischen Egernsund am dänischen Nordufer über Rendbjerg (Marina Minde) und Brunsnæs bis Langballigau.
www.cykelfaergen.info

Ab Langballigau startet die „**Feodora II**" regelmäßig zu Ausflugsfahrten nach Sønderborg/Sonderburg (50 Minuten). Nach etwa 2,5 Stunden Landgang geht es zurück.
Nordische Ausflug Schifffahrts GmbH
Keeleng 3
24975 Husby
www.nas-feodora.de

QUERN
Turm mit Weitblick
Mit 70 Metern eine der höchsten Erhebungen Angelns ist der **Scheersberg**, gekrönt vom 32 Meter hohen **Bismarckturm** aus dem Jahr 1903. Nach einer umfangreichen Sanierung ist der Turm auf dem Gelände der Internationalen Bildungsstätte „**Jugendhof Scheersberg**" in Steinbergkirche jetzt wieder begehbar. Zugleich wurde eine Dauerausstellung installiert, die die Besucher auf dem Weg nach oben begleitet, zu den Themen gehören Aufruhr und Wandel in der Grenzregion.
www.scheersberg.de

100

GELTING UND GELTINGER BUCHT

Die „dänische Südsee" vor der Tür

Surfen, Segeln, baden, wandern – Natur und Ostsee prägen das Urlaubsprogramm rund um die **Geltinger Bucht** am Ausgang der Flensburger Förde. Für Segler ideal: Die Ostsee und die dänische Inselwelt, „dänische Südsee" genannt, liegen gleich um die Ecke. So wird der ehemalige Fährhafen Gelting-Mole jetzt als Marina genutzt, und in **Wackerballig** entstand ein „Inselhafen" am Ende einer 200 Meter langen Brücke.

Auf dem aus dem Mittelalter stammenden **Gut Oestergaard** (Herrenhaus von 1856) in Steinberg finden regelmäßig Konzerte und auf dem Gutsgelände Kunsthandwerkermärkte statt.

Oestergaard 2, 24972 Steinberg
www.oestergaard.de

Seit 1990 ist Gelting erster anerkannter **Kneippkurort** an der Ostsee. Vermutlich aus der Zeit um 1300 stammt die gotische Backsteinkirche des Ortes. Vier große Logen von 1793/94 für die Güter Gelting, Düttebüll, Priesholz und Oehe betonen die Bedeutung des Adels für die Region und die Kirche.

www.ostseefjordschlei.de
www.ferienlandostsee.de

Schloss Gelting

Umgeben von einem noch mittelalterlichen Graben liegt an der Straße nach Pommerby das **Gut Gelting** (Privatbesitz), bereits 1231 zum ersten Mal erwähnt. Das dreiflügelige Herrenhaus mit seinem herrschaftlichen Auftritt wird meist als „Schloss" bezeichnet. Zu verdanken ist es der Tatkraft von **Seneca Inggersen**, einem Nordfriesen mit folgender märchenhafter Lebensgeschichte:

Als Sünke Ingwersen und Sohn eines Pferdehändlers wurde er 1715 in Langenhorn geboren, er war das zehnte von 13 Kindern. In jungen Jahren trat er in den Dienst der holländischen Ostindien-Companie (VOC) und kehrte als reicher Mann 1758 nach Europa zurück. Mit Kaffeehandel, Zucker und Rum, aber auch mit Opium hatte Inggersen ein riesiges Vermögen gemacht. Der dänische König verkaufte ihm das Gut Gelting und erhob ihn als „Baron von Geltingen" in den Adelsstand, später wurde er außerdem Reichsfreiherr.

Ab 1770 ließ Inggersen das alte Gutshaus zu einem schlossähnlichen Anwesen ausbauen und einen neuen Garten anlegen. 1789, weit vor allen anderen Gutsherren, schaffte er die Leibeigenschaft auf seinem Gut ab. Er plante eine Erweiterung der mittelalterlichen Kirche von Gelting und sorgte außerdem dafür, dass das Gotteshaus

seines Geburtsorts Langenhorn eine neue Orgel bekam. Im Jahr 1786 starb Inggersen in der Nähe von Den Haag auf seinem dortigen Gut.
www.schloss-gelting.de

Geltinger Birk

Die Halbinsel **Geltinger Birk** am Übergang der Flensburger Förde in die Ostsee ist eines der schönsten Naturschutzgebiete Schleswig-Holsteins. In dem 770 Hektar großen Gebiet mit Dünen, Sumpf- und Heideflächen, Wildpferden (Koniks) und Hochlandrindern können im Laufe des Jahres bis zum 200 Vogelarten beobachtet werden. Auf vier unterschiedlichen Wanderwegen zwischen drei und 13 Kilometern sowie bis zu einem Kilometer einem 25 Kilometer langen Radweg lässt sich das Naturparadies erkunden. In der „Integrierten Station" in **Falshöft** erhalten Besucher

Fahrrad-Ausflüge an der Geltinger Birk.

aktuelle Informationen und können außerdem eine Ausstellung besichtigen. Am Parkplatz neben der **„Mühle Charlotte"** existiert ein Info-Kiosk.
Die Mühle (Baujahr 1826) ist eine Reminiszenz an die Zeiten, als man sich noch bemühte, die 1494 als Insel erwähnte Birk trockenzulegen, um den Boden landwirtschaftlich nutzen zu können. Durch Eindeichungsmaßnahmen entstand erst im Jahr 1821 die heutige Halbinsel. Mittlerweile wurden Teile der Birk im Sinne des Naturschutzes wieder vernässt.
Informationen über die Wanderwege auf der Web-Site der Stiftung Naturschutz unter
www.stiftungsland.de
www.geltinger-birk.de
www.gelting.de

 ## Entdecken und erleben

Der „Hochzeitsturm" von Falshöft

Im Jahr 1909 wurde der Leuchtturm am Ostseestrand errichtet. Knapp hundert Jahre später, im Zeitalter von GPS, hatte der Turm seine Bedeutung als Quermarkenfeuer zur Orientierung der Schifffahrt verloren, im Jahr 2002 wurde er außer Dienst gestellt. Das Amt Gelting kaufte den unter Denkmalschutz stehenden Turm, und ein Förderverein wurde gegründet, der sich für den Erhalt des rot-weißen Seezeichens einsetzte. Der Turm kann besichtigt werden, vor allem aber ist er bei Brautpaaren sehr beliebt – auch wenn nur höchstens 14 Personen in das runde Trau-zimmer passen. Rund 300 Paare schließen jedes Jahr hoch über der Ostsee den Bund fürs Leben. Von der Aussichtsplattform an der Spitze reicht der Blick im Norden bis Als/Alsen und im Osten bis zur Insel Ærø. www.leuchtturm-falshoeft.de

Essen und trinken

Café Kranz
Koppelheck 19, 24395 Niesgrau
www.cafekranz.de

Auf der Brücke im Yachthafen
Wackerballig: das Bistro
Wackerpulco
Strandweg 1b,
24395 Gelting-Wackerballig
www.wackerpulco.de

Schwäbisch in einem 200 Jahre alten
Dorfkrug: **Möwe Jonathan**
Geltinger Straße 8, 24395 Pommerby
www.moewe-jonathan.com

Café Lichthof
Falshöft 29, 24395 Nieby

Tourist-Information
Touristikverein Ferienland Ostsee
Geltinger Bucht e.V.
Nordstraße 1a, 24395 Gelting
www.ferienlandostsee.de

Der „Hochzeits"-Leuchtturm von Falshöft.

VON FLENSBURG BIS ZUR KÖNIGSAU / KONGEÅ

KRUSÅ / KRUSAU

An der Grenze nach Norden

Über viele Jahrzehnte war Kruså/Kupfermühle das Synonym für den Grenzübergang nach Dänemark. Schon gleich nördlich der Grenze gab es die ersten typisch dänischen Supermärkte und – lange Zeit verschämt betrachtet – ab Ende der 60er Jahre des 20. Jahrhunderts die ersten Sex-Shops. Über beide ist die Zeit hinweggegangen, geblieben ist die alte Wassermühle, in der Jahrhunderte lang, bis 1964,

Korn gemahlen wurde. Sie bildete die Keimzelle des Ortes.
Nördlich von Kruså/Krusau auf dem Weg nach Søgaard/Seegard erinnert ein Denkmal an den Absturz eines Bombenflugzeugs der britischen Royal Air Force, das bei der Rückkehr von einem Angriff auf Kiel am 29. April 1942 bei Øster Gejl/Ostgehl von einer deutschen Radarkette geortet und von der Flak abgeschossen wurde. Keines der sechs Besatzungsmitglieder überlebte.

Natur

Als gemeinsames deutsch-dänisches Projekt und gefördert von der EU wurde das durch die letzte Eiszeit gebildete Krusauer Tunneltal renaturiert. Wegen seiner Einmaligkeit und der Vielfalt an seltenen Tier- und Pflanzenarten wurde das Tunneltal in das europäische Schutzgebietsystem „NATURA 2000" aufgenommen.
www.flensburger-foerde.de

Auch die erste Etappe des **„Gendarmstien"**, der in Padborg/Pattburg beginnt, berührt das Tunneltal. 74 Kilometer lang ist der beliebte Wanderweg entlang der Flensburger Förde. Benannt wurde er nach dänischen Grenzgendarmen, die ab 1920 hier patrouillierten.
www.gendarmsti.dk

 Entdecken und erleben

Alte Traktoren, Pferdekutschen und landwirtschaftliche Maschinen zeigt das private

Gedenksteine in Kruså.

Mekanisk Museum Sønderjylland bei Hokkerup.
Lundtoftvej 6A, DK-6340 Kruså.
www.mekanisk-museum.dk

Kirche

Aus dem 12. Jahrhundert stammt die Kirche von Holbøl/Holebüll nördlich von Kruså/Krusau mit Kalkmalereien aus der Zeit um 1500.

KOLLUND

Brücke nach Dänemark

Ein kleiner Strand, ein schöner Wald, der bis 2006 noch der Stadt Flensburg gehörte und dann verkauft wurde, und nicht zuletzt der idyllische Grenzübergang Schusterkarte, all das macht den kleinen Ort an der Förde gleich hinter der Grenze aus.

105

Schusterkate

Der kleinste Grenzübergang Nordeuropas und die einzige Brücke, die Deutschland und Dänemark verbindet, überquert die Kruså/Krusau, die hier in die Flensburger Förde mündet. Seinen Namen verdankt der Grenzübergang (auf Dänisch: Skomagerhuset) einer Kate im Wald von Kollund, in der früher tatsächlich ein Schuhmacher lebte.

Essen und Trinken

Aus einem ehemaligen Grenzheim, einer Art Jugendherberge, direkt an der Flensburger Förde, wurde nach größeren Umbauten das Hotel und Restaurant **Fakkelgaarden**.
Fjordvejen 44, Kollund
DK-6340 Krusaa
www.fakkelgaarden.dk

OKSEØER / OCHSENINSELN

Hotdogs mit Aussicht

„Oxenör minor et major" heißen die beiden Inseln in der Flensburger Förde bereits in „Waldemars Erdbuch", in dem der dänische König 1231 seine Einnahmen dokumentieren ließ. Im Mittelalter dienten sie zeitweise als Weidefläche für das Vieh der Flensburger Duburg. 1845 kaufte der Bootsbauer Lorenz Isaack die große Ochseninsel; bis 1982 blieb sie im Familienbesitz. Heute gehört die Insel der dänischen Umweltbehörde (Naturstyrelsen).
Die kleine Ochseninsel wurde nach der großen Ostsee-Sturmflut 1872 von einem Flensburger Anwalt ersteigert, der ein Sommerhaus bauen und einen Park anlegen ließ. Seit 1938 wird die Insel, die sich seit 1963 im Besitz des Kopenhagener Lehrervereins befindet, als Ferienlager für Schulkinder genutzt.

Essen und Trinken

Dänemarks wohl berühmteste **Hotdog-Bude**:
In Sønderhav/Süderhaff auf dem Festland gegenüber den Ochseninseln steht direkt an der Küstenstraße („Fjordvejen") **„Annies Kiosk"**.
Im Sommer meist mit langen Warteschlangen davor. Bei Seglern hat Sønderhav/Süderhaff deshalb auch den Spitznamen „Hotdog Havn" bekommen.

In einer umgebauten Villa mit Fördeblick betreibt Gourmet-Koch Christian Bind sein **„Restaurant Bind"**.
Fjordvejen 120
Sønderhav
DK-6340 Kruså
www.Restaurantbind.dk

Idyllischer Sommertag an der Ostsee bei den Ochseninseln.

RINKENÆS / RINKENIS

Kirche mit Treppengiebel

Unmittelbar an der Flensburger Förde mit Blick auf die Halbinsel Holnis auf der deutschen Seite liegt **Rinkenæs / Rinkenis**. Die alte Dorfkirche steht einsam einige Kilometer nördlich des heutigen Dorfes. Vermutlich eine Pestepidemie rottete im Mittelalter die ursprüngliche Siedlung aus. Die romanische Kirche aus der Zeit um 1158 gehört zu den ältesten in Dänemark und hat bis heute kein elektrisches Licht. Nachdem Nordschleswig 1920 dänisch geworden war, wurde zwischen 1928 und 1932 an

Die markante, neuere Kirche von Rinkenæs.

107

Die alte Kirche von Rinkenæs aus dem 12. Jahrhundert.

der Förde die Kreuzkirche mit ihrem weithin sichtbaren Treppengiebel-Turm gebaut. Sie gilt als nationales Denkmal und Sinnbild einer „typisch dänischen" Kirche.

Essen und Trinken

Hotel und Restaurant **„Benniksgaard"** enstanden um das reetgedeckte Haupthaus von 1782, gleich daneben der Golfplatz mit Aussicht über die Flensburger Förde.
Sejrsvej 101, Rinkenæs,
DK 6300 Graasten
www.benniksgaardhotel.dk

Das Familienrestaurant **„Providence"** liegt unmittelbar an der Förde und dem Gendarmenpfad.
Stranderød 9, Rinkenæs,
DK 6300 Gråsten
www. providence.dk

EGERNSUND / EKENSUND

Sommerliche Malerkolonie

Egernsund ist einerseits der Name des schmalen Sunds, der die Flensburger Förde vom Nybøl Nor/Nübel-Noor trennt, aber auch der des Ortes an seinem Ufer. Heute rollt der Autoverkehr über eine Klappbrücke. Bis zu ihrem Bau 1968 setzten rund

250 Jahre lang Fähren Mensch und Vieh von Alnor nach Egernsund/Ekensund über. Bekannt ist der Ort vor allem durch seine Ziegeleien. Die Geschichte der Brennereien schildert das Museum „Cathrinesminde Teglværk" in Broager/Broacker.
Der zu jener Zeit noch Ekensund genannte Ort wurde aber auch bekannt durch die –

zunächst ausschließlich deutschen – Maler, die sich nach 1882 regelmäßig dort trafen. Zeitweilig umfasste die Malerkolonie rund 70 Künstler, darunter zum Beispiel den Flensburger Alex Eckener oder den Münchner Otto Heinrich Engel.
www.msj.dk

 Entdecken und erleben

Von Egernsund pendelt die Fahrradfähre **„Rødsand"** auf die deutsche Seite der Förde (siehe auch Langballigau).
www.cykelfaergen.info

GRÅSTEN / GRAVENSTEIN

Königliche Residenz

Eine Apfelsorte („Gravensteiner") und ein weißes Schloss haben Gråsten/Gravenstein an der Flensburger Außenförde bekannt gemacht. Das Schloss, heute Sommerresidenz der dänischen Königsfamilie, ist zwar nicht zu besichtigen, wohl aber –

Auch Gråsten hat ein Weißes Haus, das Schloss.

109

Wachwechsel der Schlossgarde.

inspirierte Schlosspark, in dem über 40 000 verschiedene Blumen wachsen.

Auf 7500 Quadratmetern ist außerdem der erneuerte **Küchengarten** mit Café, Hofladen und einem gläsernen Wintergarten für Veranstaltungen herangewachsen; eingeweiht wurde er im Juli 2020 von Königin Margrethe persönlich. Solche Küchengärten waren einst wichtig für die Versorgung der Schlossbewohner, künftig können alle Bürger ökologisch angebautes Obst, Kräuter oder Kartoffeln aus dem königlichen Küchengarten kaufen. Und anders als der Schlosspark, bleibt der Küchengarten auch geöffnet, wenn sich die königliche Familie in Gravenstein aufhält.

Das Schloss

Die Geschichte des Schlosses ist eng mit der Familie von Ahlefeldt verbunden. 1616 ließ Gregor von Ahlefeldt ein Schloss „to dem graven (grauen) steene" errichten; um 1700 baute sein Sohn eine neue Residenz. 1725 ging das Schloss in einer Auktion an Herzog Christian August I. von Augustenburg. Nach einem Großbrand 1757 wurde der ursprünglich sehr viel pompösere Mittelflügel der barocken Anlage nur in dem bescheidenen Umfang wiederaufgebaut, und so präsentiert er sich noch heute. Die unversehrt gebliebene Schlosskirche von 1699 ist Dänemarks einzige originale Barockkirche.

Bis 1921 blieb das Schloss – mit Unterbrechungen durch die Zeit zwischen den Kriegen von 1848/50 und 1864 – als Sommer-

sofern Königin oder Kronprinz gerade nicht anwesend sind – zu bestimmten Zeiten die Schlosskirche und der englisch-

residenz im Besitz der Herzöge von Schleswig-Holstein-Sonderburg-Augustenburg.
www.kongeligeslotte.dk

▶ **Entdecken und erleben**

„Papirmuseets By" heisst am Ortsein-
gang von Gråsten/Gravenstein ein privates
Papiermuseum, das – integriert in ein Ge-

schäft – die vielen Verwendungsmöglich-
keiten von Papier in der Vergangenheit
aufzeigen will.
www.Karenmarieklip.de

Essen und Trinken
„Den Gamle Kro" in einem
historischen Gebäude von 1747
Slotsgade 6, 6300 Gråsten,
www.1747.dk

BROAGER / BROACKER

Einziger Doppelturm

Wahrzeichen des Ortes ist die romanische
Kirche mit ihrem markanten Doppelturm,
dem einzigen im alten Herzogtum Schleswig.
Am Nordrand des Dorfes liegt 46 Meter
hoch die Wallanlage **„Smøl Vold"** aus vermutlich bereits vorgeschichtlicher Zeit. Da
die Ringanlage mit einem Durchmesser von
rund 50 Metern bis heute nicht archäolo-
gisch untersucht wurde, ist auch nicht klar,
ob sie einst als Kult- oder Zufluchtstätte
oder als Versammlungsort diente. Seit 1931
ist sie im Besitz einer privaten Vereinigung.

Kirche

Kirchenschiff, Chor und Apsis der weiß gekalkten Kirche entstanden im 13.Jahrhun-

Die doppeltürmige Kirche von Broager.

111

ZIEGELSTEINE VON DER FLENSBURGER FÖRDE

Um 1900 bestanden entlang der Flensburger Förde mehr als 70 Ziegeleien. Gebrannte Lehm war und ist ein begehrtes Baumaterial. Ziegel aus **Egernsund / Ekensund** oder von der Halbinsel **Broager / Broacker** wurden per Schiff nach Flensburg transportiert. Mit Ziegeln von der Flensburger Förde und dem Nybøl Noor / Nübeler Noor wurde auch Kopenhagen wiederaufgebaut, nachdem die britische Marine die Stadt während der napoleonischen Kriege 1807 bombardiert hatte. Beim Bau des **Nord-Ostsee-Kanals** (1887-1895) wurden ebenfalls Ziegel von der Flensburger Förde, zum Beispiel für die Konstruktion der Schleusen, verwendet.

Um 1170 wurden zum ersten Mal nördlich der Eider Ziegelsteine verbaut: Die

Lorenbahn der Ziegelei in Catherinesminde.

„Waldemarsmauer" am Danewerk ist das älteste Zeugnis eines profanen Bauwerks aus Ziegeln im Norden. Auch der Bau des Schleswiger Doms wurde nun mit Ziegeln fortgesetzt. „Klostersteine", im Dänischen „Munkesten", wurde das Format der wuchtigen Backsteine genannt. Die Kunst, aus weichem Lehm harte Mauersteine zu brennen, veränderte von nun an Baustil und Städtebau – ohne Ziegel keine Backsteingotik.

Nördlich wie südlich der Flensburger Förde entstanden im Mittelalter vielerorts kleine bäuerliche Ziegeleien. Auch große Gutshöfe wie zum Beispiel Rundhof in Angeln besaßen ihre eigenen Betriebe. In **Flensburg** ist als letzte Erinnerung der Straßenname „Tegelbarg" (plattdeutsch für Ziegelberg) geblieben. Die Gemeinde **Westerholz** an der Flensburger Außenförde erinnert mit einem Denkmal an die Zeit der Ziegelbrennereien.

Den Reichtum am Rohmaterial Lehm verdankt die Region der letzten Eiszeit. Als vor rund 15000 Jahren das Eis schmolz, bildeten sich Eisseen, in denen sich steinfreier Lehm ablagerte. Enthält er viel Eisen, werden die Ziegel beim Brennen rot.

Ziegeleien entstanden dort, wo der Rohstoff vorhanden war, der Transport der schweren Backsteine vom Brennofen zur Baustelle war jedoch in Zeiten von Pferde-

Catherinesminde besitzt das einzige Ziegeleimuseum im Norden.

So ist die karibische Insel St. Croix bis heute bekannt für ihre Backsteinbauten. 1894 schlossen sich 58 Betriebe aus Kiel, Flensburg und Umgebung nicht zuletzt wegen des Baus des Nord-Ostsee-Kanals zu den „Vereinigten Ziegeleien" zusammen. Sie überließen der neuen Vereinigung den Verkauf, bekamen dafür Produktionsquoten zugewiesen, und gemeinsam konnten die Preise gehalten werden. Mit der Grenzziehung 1920 wurde diese Gesellschaft wieder aufgeteilt. Heute gehören noch fünf Ziegeleien zu einer Dachmarke, die in Deutschland unter dem Namen „Egernsunder Ziegel" firmiert. Pro Jahr werden rund 100 Millionen Ziegel produziert.

Die Geschichte der Ziegeleien erzählt das **„Cathrinesminde Teglværksmuseum"** am Illerstrandvej auf der Halbinsel Broager/Broacker. Auf einer Strecke von 1200 Metern waren dort einst acht Ziegeleien angesiedelt.

gespannen oder Ochsenkarren stets ein Problem. Der Vorteil für die Ziegeleien am nördlichen Ufer der Flensburger Förde: Sie lagen dicht am Wasser und waren für Schiffe leicht erreichbar. Als Ballast für den Rückweg der Frachtsegler, die aus der Karibik die Rohstoffe für die Flensburger Zucker- und Rumproduktion mitbrachten, erreichten Backsteine von der Flensburger Förde im 18. und frühen 19. Jahrhundert übrigens auch die dänischen Kolonien in Westindien (seit 1917: US Virgin Islands).

Ziegel-Skulptur am Strand.

dert, die Spitzen der markanten Zwillingstürme kamen erst im 15. Jahrhundert dazu. Damals wurde die Kirche auch erweitert und erhielt ihre Kreuzarme. Berühmt ist sie für ihre Kalkmalereien. Die ältesten stammen aus dem frühen 13. Jahrhundert, eine Darstellung in der Apsis von Christus als Weltenherrscher entstand wohl um 1250. Die jüngsten Bilder mit Szenen der St. Georgs Legende werden dem 16. Jahrhundert zugerechnet.

Gräber und Gedenksteine auf dem Friedhof erinnern an gefallene preußische Soldaten im Krieg von 1864, ein großes Ehrenmal ist den Gefallenen des Ersten Weltkriegs gewidmet.

Storegade 1, DK-6310 Broager
www.broagerkirke.dk

 ## Entdecken und erleben

Cathrinesminde Teglværks Museum

Das heutige Museum als Teil des Museum Sønderjylland ist die letzte von einstmals acht Ziegeleien am Iller Strand. In der ehemaligen Ziegelei können Maschinen, Werkzeuge und Arbeiterwohnungen aus der Zeit von 1890 bis 1960 besichtigt werden; außerdem gibt es eine geologische Sammlung (November bis März geschlossen).

Illerstrandvej 7, DK-6310 Broager
www. msj.dk

Vor dem Ziegeleimuseum verläuft unmittelbar am Strand der **Ziegeleipfad**, dänisch „Teglværkstien".

Vor dem Museum verläuft der Ziegeleipfad an der Förde entlang.

Die Düppeler Schanzen – in der Mitte das Museum, hinten die historische Mühle.

DYBBØL / DÜPPEL

Entscheidungsschlacht im Krieg von 1864

Die Dybbøl Banker/Düppeler Schanzen sind heute eine nationale dänische Gedenkstätte. Die Erstürmung der Schanzen am 18. April 1864 nach wochenlanger Belagerung und heftigem Bombardement entschied den preußisch-österreichischen Krieg gegen Dänemark und führte dazu,

dass Schleswig-Holstein preußische Provinz wurde.

Zum Symbol dieser Schlacht ist die Mühle (zu besichtigen) am Rande der Schanzen von Dybbøl/Düppel auf den Hügeln vor Sønderborg/Sonderburg geworden. Das **„Museum Sønderjylland Historiecenter Dybbøl Banke"** schildert das Bombardement auf die dänischen Stellungen durch die preußischen Truppen und die Erstür-

115

Die Mühle steht mitten auf dem Schlachtfeld von 1864.

Die Ruinen der dänischen Schanze X.

mung der Schanzen. Dabei verloren fast 3000 Menschen ihr Leben. Erbeutete dänische Kanonen schmücken noch heute die Berliner Siegessäule.

Die Mühle ist das fünfte Bauwerk an dieser Stelle: Die erste Mühle, 1744 gebaut, brannte 1800 nieder. Die darauf folgenden

Kanone auf einer Schanze.

Neubauten wurden während des schleswig-holsteinischen Krieges 1848 bis 1851 und erneut 1864 zerstört.1935 brach nach einem Kurzschluss ein Feuer in der Mühle aus.

Rotes Kreuz: Unter dem Eindruck der Schlacht von Solferino (1859, Italien) hatte der Schweizer Henri Dunant 1863 eine Gesellschaft gegründet, aus der später das Internationale Komitee vom Roten Kreuz wurde. Auf den Hügeln von Düppel waren zum ersten Mal Vertreter des **Roten Kreuzes** als Beobachter anwesend. Ein Gedenkstein erinnert daran.

www.1864.dk

SØNDERBORG / SONDERBURG

Altes Schloss und moderne Universität

Größte Stadt auf Dänemarks siebtgrößter Ostseeinsel **Als/Alsen** ist Sønderborg/Sonderburg mit rund 30000 Einwohnern. Die Stadt am Alsensund vereint zwei Extreme: ein wuchtiges altes Schloss und eine supermoderne Universität mit einem eindrucksvollen öffentlichen Konzertsaal, beide direkt am Wasser gelegen.

Die Gründung der Hochschule als Zweigstelle der **„Syddansk Universitet"** in Odense bescherte der Stadt einen kräftigen Auftrieb. Die Hochschule ist eng mit dem auf Alsen beheimateten Danfoss-Konzern verknüpft, pflegt aber auch die grenzüberschreitende Zusammenarbeit mit der Universität Flensburg.

Eine Hochbrücke über den Alsensund fuhrt den Autoverkehr heute an Sønderborg/Sonderburg vorbei. Wer in die Stadt möchte, sollte deshalb die alte Klappbrücke mit der Königskrone, die **„Kong Christian X. Bro"** (Baujahr 1930), über den Alsensund wählen. Dem Bau der Brückenzufahrt wurde damals ein Teil der historischen Altstadt geopfert, so dass die mittelalterliche **Marienkirche** abseits steht.

Während des **deutsch-dänischen Krieges 1864** wurde Sonderburg stark zerstört. Am 2. und 3. März 1864 brannten große Teile der Stadt nach der Beschießung durch die Preußen nieder.

Heute ist das lebhafte Sonderburg ein beliebter Anlaufpunkt für Segler. Die **Hafenpromenade** hat sich in den letzten Jahren zu einer Flaniermeile mit **Cafés und Restaurants** entwickelt.

Nach dem Westufer mit der Universität hat auch das östliche Sund-Ufer in den vergangenen Jahren einen kräftigen Entwicklungsschub erfahren. Entstanden sind dort unter anderem das 70 Meter hohe **Kongresshotel „Alsik"**, und das **Multikulturhaus**, in dem sich die deutsche und die dänische Bücherei sowie die Kunstschule befinden. Das in den Komplex integrierte **„Ewers Pakhus"** beherbergt außerdem ein Café.

Die alte Brücke nach Sønderborg.

117

Erst seit dem Sommer 2020 erinnert ein **Gedenkstein** vor dem Multikulturhaus an ein unrühmliches Kapitel der letzten Tage des **Zweiten Weltkriegs**. Am 5. Mai 1945 wurden elf deutsche Marinesoldaten wegen Meuterei hingerichtet und ihre Leichen, mit Torpedoteilen beschwert, im

Die mittelalterliche Marienkirche.

Futuristische Architektur am Hafen – das Kongresshotel „Alsik".

Alsensund versenkt. An jenem Tag war bereits eine Teilkapitulation der Wehrmacht in Holland, Belgien, Nordwestdeutschland und Dänemark gegenüber den britischen Truppen in Kraft getreten. Trotzdem wollte der Kommandant des Minensuchbootes „M 612" Richtung Kurland auslaufen. Dem widersetzte sich die Mannschaft. Die Männer beschlossen, nach Kiel zu fahren, den Kommandanten und die Offiziere setzten sie in der Kommandantenkammer fest. Doch deutsche Schnellboote stoppten das Minensuchboot, 20 „Rädelsführer" wurden vor ein Standgericht gestellt. Elf Matrosen wurden erschossen, fünf Männer freigesprochen, vier erhielten drei Jahre Zuchthaus,. In den folgenden Monaten wurden sieben Leichen angespült und auf dem Sonderburger Ostfriedhof beigesetzt. www.visitsonderborg.dk

Schloss

Die Anfänge des Backsteinbaus stammen aus der Zeit um 1170. Er ist damit einer der ältesten Profanbauten des Landesteils. König Waldemar I. (1131 bis 1182), auch Erbauer der Waldemarsmauer am Danewerk, ließ die Burg damals zum Schutz gegen die slawischen Wenden errichten. Für den abgesetzten dänischen König Christian II. (1481 bis 1559) wurde das Sonderburger

Schloss ab 1531 für 17 Jahre zum Gefängnis.

Mit Herzog Johann dem Jüngeren, dem Erbauer des Glücksburger Schlosses, begann in Sønderborg/Sonderburg 1564 das selbstständige Herzogtum Schleswig-Holstein-Sonderburg. Der dänische König Frederik II. hatte zur Versorgung seines jüngeren Bruders Gebiete aus dem königlichen Besitz herausgelöst und daraus ein neues Herzogtum geschaffen, das sich schon nach dem Tod Johanns im Jahr 1622 in weitere verschiedene Kleinstherzogtümer aufteilte. Beim Regieren des Landes durfte Herzog Hans als sogenannter „abgeteilter Herr" allerdings nicht mitreden.

Das mächtige Backstein-Schloss von Sønderborg.

Heute wird im **Schlossmuseum** die Geschichte vom Mittelalter bis zum Zweiten Weltkrieg dokumentiert. Den Schwerpunkt bildet dabei die wechselvolle Geschichte Nordschleswigs und des Grenzlandes. Die **Schlosskapelle** im Nordflügel mit der Renaissance-Orgel stammt aus der Zeit zwischen 1568 und 1570. Sie ist nicht nur die älteste protestantische Schlosskapelle Dänemarks, sondern gilt auch als Renaissance-Monument von internationalem Rang.

Schloss Sønderborg
Sønderbro 1, DK-6400 Sønderborg
www.msj.dk

Alsion

Gemeinsam haben die Süddänische Universität, der „Bitten og Mads Clausen Fonds" und die Kommune Sønderborg direkt am Alsensund ein markantes Bauwerk geschaffen, das Ausbildung und Forschung verbindet, das aber – durch den Konzertsaal – ebenso den Bürgern der Stadt zugute kommt. Das **Alsion** ist auch der Sitz des „Sønderjyllands Symfoniorkester".

Alsion 2, DK-6400 Sønderborg
www.sdjsymfoni.dk
www.alsion.dk

Ringreiter Museum

Ringreiten ist in Nordschleswig fast ein Volkssport. Ob Aabenraa/Apenrade oder Sønderborg/Sonderburg das größte Ringreiterfest ausrichten – darüber streiten beide Städte seit Langem. Mehr als 500 Reiter

Kongresszentrum und Universität in einem – das „Alsion".

Der moderne Konzertsaal im „Alsion".

treten allein in Sonderburg an. Geschichte und Begebenheiten rund um das Ringreiten, das seinen Ursprung in den ritterlichen Turnieren des Mittelalters hat, erzählt das **Ringreitermuseum** in einem der ältesten Häuser der Stadt in der Kirkegade 8. www.ringridermuseet.dk

Deutsches Museum

Mit der Geschichte der deutschen Minderheit seit 1848 beschäftigt sich das **„Deutsche Museum Nordschleswig"**. Beschrieben werden Identität, kulturelles Leben und die Entwicklung des Verhältnisses zur Mehrheitsbevölkerung vom Gegeneinander zum Miteinander. Im Sommer 2020 erhielt das 150 Jahre alte Museumsgebäude einen modernen Anbau aus hellen Egernsunder Ziegeln. Finanziert wurde das vier-Millio-

nen-Euro-Projekt von der Bundesregierung in Berlin, der dänischen Regierung, dem Land Schleswig-Holstein, der Kommune Sønderborg und mehreren Stiftungen. Rønhave Plads 12, DK-6400 Sønderborg www.deutsches-museum.dk

Das neue „Deutsche Museum Nordschleswig".

ROUTEN FÜR GRENZGÄNGER

Eine Wanderung über den **Gendarmstien**, den „Gendarmenpfad", ist ein spezielles Vergnügen. Der 74 Kilometer lange Weg von Padborg/Pattburg im Westen nach Høruphav/Höruphaff östlich von Sønderborg/Sonderburg verdankt seinen Namen den Gendarmen, die nach der Grenzziehung 1920 über diesen Weg patrouillierten, um Schmuggler zu erwischen.

Der Weg führt ab Kollund fast immer direkt an der Flensburger Förde entlang und verbindet Naturerlebnis mit Ausflügen in die Geschichte, so zum Beispiel bei Dybbøl/Düppel, wo er um die Schanzen von 1864 herumführt.

Am Ziegeleimuseum von Cathrinesminde ist der Gendarmenpfad außerdem identisch mit dem „Ziegeleiweg".

Ein Abstecher über die Grenze nach Süden führt Wanderer zu der von König Christian IV. im Jahr 1612 gegründete Kupfermühle auf der deutschen Seite der Grenze. Mit Hilfe von Wasserkraft wurden dort Kupfer und Messing zu Platten verarbeitet, die vor allem für die Schiffs-Rümpfe der königlichen Flotte benötigt wurden. Eine Wanderkarte und Beschreibungen der Route auch auf deutsch unter www.gendarmstien.dk/de

Von der Flensburger Förde zur Nordsee führt die **Grenzroute** („Grænserouten"). Der 130 Kilometer lange Radweg zwischen Nord- und Ostsee ist als Themenradweg zur Kulturgeschichte der deutsch-dänischen Grenze angelegt. An 13 Stellen überqueren Radler auf ihrer Ost-West-Tour dabei die Grenze, oftmals auch an Übergängen, die bis zu Dänemarks Beitritt lange Zeit für die Allgemeinheit gesperrt waren. Nur die ortsansässigen Bauern durften sie mit Sondergenehmigungen passieren, so zum Beispiel bei Bögelhuus. Zur Grenzroute ist ein Radwanderführer erschienen.
Mehr unter
www. grenzroute.de

Immer an den Blumen vorbei zum Wanderweg „Gendarmstien".

Flugplatz

Vom nördlich der Stadt auf der Halbinsel Arnkil gelegenen Flugplatz (Sønderborg Lufthavn) bestehen regelmäßige Verbindungen nach Kopenhagen.

 Entdecken und erleben

„Arnkilsøre", die Spitze der Halbinsel Arnkil bietet einen Wanderweg zwischen dem Als Sund/Alsensund und dem Augustenborg Fjord/der Augustenburger Förde.

Durch Sønderborg/Sonderburg selbst führt der gut fünf Kilometer lange **Hjertestien**, der Herzpfad, auf dem viele Treppen zu bewältigen sind.

 Tourist-Information
Sønderborg Turistbureau
Perlegade 50, DK-6400 Sønderborg
www.visitsonderborg.dk

AUGUSTENBORG / AUGUSTENBURG

Residenzstadt mit Barockschloss

Zwischen 1770 und 1776 ließ Herzog Friedrich Christian I. von Schleswig-Holstein-Sonderburg-Augustenburg Schloss und Park anlegen. Der jetzige Bau gilt als eines der schönsten Barockschlösser im heutigen Dänemark. Ein Mini-Museum am Glockenturm schildert die Geschichte der herzoglichen Familie, aus der Deutschlands letzte Kaiserin Auguste Victoria stammte. Bis 2015 wurden Teile des Schlosses als psychiatrische Klinik genutzt; daran erinnert eine Ausstellung im Pförtnerhaus. Heute beherbergt es Behörden. Während der Sommerferien werden gelegentlich Führungen angeboten.

Vom Park, dessen Alleen die ehemals barocke Anlage noch zumindest erahnen lassen, haben Spaziergänger einen wunder-

Das strahlend schöne Schloss von Augustenborg.

123

Das Palais im Skulpturen-Park.

baren Blick über den **Augustenborg Fjord** und den beliebten Yachthafen am gegenüberliegenden Ufer. Das **Palais** („Palæ") aus dem Jahr 1788 im Schlosspark diente zeitweilig einer Augustenburger Prinzessin als Wohnsitz, später aber auch als Witwensitz. Das rot gestrichene **„Haus des Prinzen"** unmittelbar daneben entstand 1765 als Wohnhaus für den jüngeren Bruder

Garagen für Pferde – die Kirchenställe von Egen.

Herzog Friedrich Christians. Das Palais beherbergt heute die Galerie **„Augustiana"**, das Parkgelände davor einen Skulpturenpark.

Versteckt hinter dem riesigen Getreidesilo am Hafen atmen die schmalen Straßen der Stadt teilweise noch die Atmosphäre einer kleinen Residenzstadt. Zu den Gebäuden aus jener Zeit zählt unter anderem auch das „Haus des Hofrats" (Hofrådens Hus) vom Ende des 18. Jahrhunderts (Storegade 11).
www. augustiana.dk

Umgebung

Der kleine Ort **Egen / Eken** bei Guderup zeichnet sich nicht nur durch die größte Dorfkirche der Insel aus, eine Besonderheit sind die davor liegenden, mit Reet gedeckten **Kirchenställe** aus den Jahren 1790 bis 1890. Sie boten einst Platz für bis zu 68 Pferde der Gottesdienstbesucher. Der hölzerne Glockenturm der spätromanischen Kirche steht auf einem bronzezeitlichen Grabhügel.

Unweit der Kirche befindet sich mit einer Höhe von zwölf Metern Nordeuropas höchste Sonnenuhr.

▶ Entdecken und erleben

Nordwestlich von **Guderup** führt die Wanderroute **„Stevning Nor sti"** um die Landspitze zwischen dem Noor und der Bucht von Sandvig / Sandwig im Norden.

NORDBORG / NORBURG

Kältetechnik und alte Schiffe

Die kleine Stadt wird geprägt durch den 1933 von Mads Clausen gegründeten, weltweit tätigen Kältetechnik-Konzern Danfoss (rund 26 000 Mitarbeiter, ca. sechs Milliarden Euro Umsatz); Nordborg/Norburg (6000 Einwohner) ist trotz des globalen Wachstums des Unternehmens bis heute Firmensitz geblieben.

Schloss

Die zum Teil aus dem 19. Jahrhundert stammenden Bauten des Schlosses lassen kaum noch ahnen, dass hier eine der ältesten Burganlagen Dänemarks aus der Zeit um 1150 lag. Nachdem die Burg 1665 bei einem Feuer vernichtet worden war, wurde sie als barocke Anlage neu errichtet. Vom ebenfalls barocken Garten ist jedoch nur eine Allee erhalten geblieben. Bis

Das Schloss von Nordborg.

Auf dem Weg zum Erlebnispark „Universe".

1729 bestand in Nordborg/Norburg das kleine Herzogtum **Schleswig-Holstein-** **Sonderburg-Norburg**. Heute ist eine Internatsschule im Schloss untergebracht. In ihren ältesten Teilen nur rund 50 Jahre jünger als die ursprüngliche Burg ist die Kirche von Nordborg/Norburg mit einem barocken Altar und einer Kanzel jener Zeit. Um den Schloss-See führt der Wanderweg „Sti rundt om søen".

Erlebnispark „Universe"

Am Südrand von Nordborg/Norburg lockt mit dem vom Bitten-und-Mads-Clausen-Fonds finanzierten **„Universe"** ein hochmoderner Science-Park mit spektakulären Maschinen und Naturphänomenen. Wahrzeichen des „Universe" ist

Der Nachbau des historischen Hjortspring-Bootes legt ab.

ein blauer Kubus, den Firmenchef Jørgen Mads Clausen im Jahr 2000 von der Expo Hannover gekauft hat.

Daneben gibt es das **Danfoss Museum**, das bereits 1991 in dem Geburtshaus von Firmengründer Mads Clausen eröffnet wurde.

In Havnbjerg/Hagenberg am Südrand von Nordborg/Norburg steht eine 1835 errichtete **Holländermühle**, die nach umfangreicher Restaurierung heute dem Bitten og Mads Clausen Fonds gehört.

Ein tropisches Badeland und der Bau von 500 Ferienwohnungen zwischen „Universe" und Küste sollen den Ausflug nach Alsen auch für deutsche Urlauber zusätzlich attraktiv machen. Geplant ist die Einweihung des **„Nordals Ferieresort"** für das Jahr 2023.

Mads Patent Vej 1, 6430 Nordborg
www.universe.dk/de

Das älteste Boot

Am Ufer der idyllischen Bucht von **Dyvig/Düwig** entstand ein Nachbau des Hjortspring-Bootes. Dabei handelt es sich um die Replik eines eisenzeitlichen Bootes aus der Zeit um 300 v. Chr, des ältesten Bootsfundes in Nordeuropa. Das Original des bei Guderup entdeckten Kriegskanus wird im Nationalmuseum in Kopenhagen gezeigt, der Nachbau ist in Dyvig/Düwig auf der Lindeværft ausgestellt – und manchmal auch auf dem Wasser zu sehen.

www.hjortspring.dk

Ein Geheimtipp: Das Dyvig Badehotel.

Natur

Das Oldenor und der Mjels See sind zwei einst trocken gelegte und jetzt wieder geflutete Seen bei Dyvig/Düwig mit schönen Spazierwegen.

Essen und Trinken

Im Stil norwegischer Holzhäuser ließ der Apenrader Reeder Hans Michael Jebsen, der bereits eine ganze Reihe traditionsreicher Hotel und Restaurants in Nordschleswig restaurieren ließ, in Dyvig/Düwig anstelle des fast 100 Jahre alten, verfallenen „Dyvig Kro" das **„Dyvig Badehotel"** errichten; inzwischen ein Geheimtipp für Hamburger wie für Kopenhagener. Vom Gourmet-Restaurant und der 2009 als beste Brasserie Dänemarks ausgezeichneten „Skipperstue" aus schweift der Blick über den Bootssteg und die Bucht.

www.dyvigbadehotel.dk

KAFFEETAFEL MIT POLITISCHEM SAHNEHÄUBCHEN

„Dass unser Kaffeedurst unstillbar sei, wurde einfach vorausgesetzt, schon dampfte die zweite, die dritte Tasse vor jedem Gast, der Duft Brasiliens erfüllte die jütländische Bauernstube, eine beginnende Magenschwere wurde aufgewogen durch unerwartete Hellhörigkeit und Schärfe des Gewahrens ..." Der Schriftsteller Siegfried Lenz machte durch die Schilderung seines „Kummers mit jütländischen Kaffeetafeln" diese Art der Kuchenschlacht für Fortgeschrittene weltberühmt. Sieben Arten weiche Kuchen – angefangen von Brötchen über „Wienerbrød", in Deutschland oft als Kopenhagener bekannt, bis zu üppigen Sahnetorten – bilden den Anfang. Danach gehören sieben Sorten harte Kuchen, meist Kekse mit phantasievollen Namen wie zum Beispiel „Goderåd" (Guter Rat), unbedingt zu der süßen Völlerei.

„Sie kreisen immer, die Teller, niemand entgeht ihrer Forderung zu nehmen und noch einmal zu nehmen", stöhnte Siegfried Lenz (1926–2014), der rund vierzig Jahre lang die Sommer auf der Insel Alsen an der Ostküste verbrachte. Veränderte Essgewohnheiten, geänderte Schönheitsideale und nicht zuletzt das Verschwinden der hauptberuflichen Hausfrau haben auch zum Ende der jütländischen Kaffeetafel geführt – allerdings nicht ganz. Der Mythos lebt fort, und manche traditionsreiche Gastwirtschaft bietet das „Sønderjysk Kaffebord" als besonderen Leckerbissen für Urlauber an.

Ein dänischer Bischof bezeichnete die jütische Kaffeetafel einst gar als „drittes Sakrament" nach Taufe und Abendmahl. Ihre Geschichte beginnt im 19. Jahrhundert. Eine Voraussetzung für ihr Aufblühen war zunächst einmal die Verbreitung des Kaffees vom Oberschichten-Luxus zum Getränk für breite Schichten.

Die dänische Kulturhistorikerin Inge Adriansen (1944–2017), ansonsten anerkannte Expertin für die Geschichte der schleswigschen Kriege, hat sich auch der Historie der Kaffeetafel angenommen, sie akribisch wissenschaftlich erforscht, beschrieben und sogar Rezepte gesammelt. Denn erst als die ersten Kochbücher gedruckt wurden – Mitte des 18. Jahrhunderts in Kopenhagen, 1838 in Schleswig – konnten auch die Kuchenrezepte zirkulieren wie später die Tortenplatten an der Kaffeetafel.

Eine weitere wesentliche Voraussetzung war die Entwicklung eiserner Kochherde. Offene Herdfeuer oder die großen Öfen zum Brotbacken, bei denen die Temperatur schwierig zu regulieren war, taugten nicht zur Produktion von feinem Gebäck. Und nicht zuletzt trug ein wirtschaftlicher Aufschwung nach dem Ende einer Agrarkrise etwa ab 1890 dazu bei, dass Butter, Eier und Mehl zu phantasievollen Kreationen verarbeitet werden konnten.

Das war aber auch die Zeit, als die Kaffeetafeln ihr politisches Sahnehäubchen erhielten, als sich Nationalpolitik und kulinarische Tradition zusammenfanden. Immer öfter gründeten die dänisch gesinnten Einwohner Nordschleswigs – oder Sønderjyllands, je nach Blickwinkel – eigene Versammlungshäuser, misstrauisch beäugt von der damals preußischen Obrigkeit. Bis zum Ausbruch des Ersten Weltkriegs entstanden so insgesamt 50 solcher Treffpunkte. Zugleich wuchs auch die Zahl rein dänischer Vereine, die sich dort trafen. Nach dem Motto: „Ohne Alkohol kein Aufruhr" erlaubten die Preußen jedoch keinen Ausschank von Hochprozentigem. Während in privaten Runden Schnaps und Rum als Verstärkung des Kaffees durchaus geschätzt waren, mussten sich die Besucher der Versammlungshäuser einzig und allein auf die Kuchenschlachten konzentrieren, zu der jeweils viele Frauen ihre Beiträge leisteten.

Angeblich stammt aus jener Zeit auch die Sitte, die Kuchenplatten schnell hintereinander herumzureichen, so dass sich drei oder gar vier verschiedene Sorten Kuchen auf dem Teller stapelten. Auf diese Weise wurden die Redner anschließend bei ihren Vorträgen nicht gestört, während die Besucher in Ruhe ihren Kuchen verzehrten.

Aber vielleicht ist das auch nur ein Gerücht. Denn südlich der heutigen Grenze existiert dieser Brauch ebenfalls. Und noch eines ist

ganz wichtig: Die Torte darf nicht vorher eingeteilt und aufgeschnitten werden. Schließlich teilt man seinem Gast den Kuchen nicht zu. Das wäre unhöflich. So bestimmt jeder die Größe des Tortenstücks selbst.

FYNSHAV UND MOMMARK

Verbindung nach Fünen und Ærø

Fynshav ist der Fährhafen von Als/Alsen. Von dort legen die Fähren nach Fünen und zur idyllischen Insel Ærø ab. Im ehemaligen Fährhafen Mommark/Mummark, in den Jahren 1921/1922 angelegt, sorgen Seg-

ler, Angler und Camper im Sommer für einen regen Betrieb

Nördlich von Fynshav finden sich die Reste des aus dem 16. Jahrhundert stammenden Herrensitzes **Østerholm/Osterholm**. Sie liegen malerisch eingebettet in eine Rasenfläche am Rande eines privaten Gartens. Einst diente das kleine Schloss den Norburger Herzögen Sommerresidenz oder als Witwensitz; wegen Baufälligkeit wurde es 1733 abgerissen.

Farbenprächtig – „Rasmus" aus Mommark.

Grundriss des Herrensitzes.

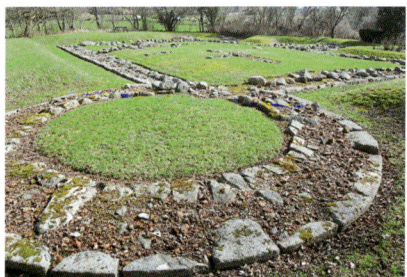

Die Fähre zu den Inseln.

Die Ruine von Østerholm.

▶ Entdecken und erleben

Der fast neun Kilometer lange **Nørreskov** bei Fynshav bietet mehrere markierten Routen von jeweils etwa zwei Kilometern Länge. In dem Wald befinden sich mehr als 80 Grabhügel und Dolmen; die ältesten sind rund 5 500 Jahre alt. Ab 1903 bewohnte der Maler **Emil Nolde** für einige Jahre ein kleines Atelierhaus am Rande des Nørreskov unmittelbar am Strand.

Nördlich von Mommark/Mummark liegt unmittelbar am Kleinen Belt der Wald **Blommeskobbel**. Er bietet nicht nur schöne Wege unter Buchen mit Ausblicken auf die Ostsee, sondern vor allem **Dänemarks größte Ansammlung von Hünen-**

Hünengräber in Blomeskobbel.

gräbern aus der Bauernsteinzeit (ca. 3800 v. Chr.). Der Deckstein des größten Grabes wiegt 20 Tonnen.

HØRUP / HÖRUP

Beliebt bei Seglern

Klein und idyllisch und vielleicht deshalb so beliebt, ist der Yachthafen von Høruphav/Höruphaff im Süden von Als/Alsen. An die alte Zeit als Fährhafen zur gegenüberliegenden Halbinsel Kegnæs/Kekenis – die erst 1969 zu Ende ging – erinnert das **„Hotel Baltic",** das 1875 als Seebadehotel und Fährhaus gebaut wurde. Weiter landeinwärts liegen **Kirke Hørup**/Hörup Kirche und Hørup/Hörup selbst. Die weiß ge-

kalkte Kirche mit ihrem romanischen Tympanon gehört zu den ältesten auf der Insel. Die ursprünglichen Teile der Kirche sind aus Feldsteinen errichtet, die jüngeren aus Backstein.

Essen und Trinken
„Hotel Baltic" mit dem
„Kegnæsstue Kro"
Havbo 29, Høruphav,
DK-6470 Sydals,
www.hotel-baltic.dk

KEGNÆS / KEKENIS

Halbinsel der Urlauber

Ursprünglich war Kegnæs/Kekenis eine eigene Insel, heute ist sie über eine Straße auf einem schmalen, von Strömung und Seegang geschaffenen Damm mit Alsen verbunden. Das Gebäude des früheren, 1908 gebauten Færgekro/des Fährkrugs, erinnert noch an die Zeit der Fährverbindungen. Ansonsten prägen Campingplätze und Ferienhausgebiete die Umgebung. Einen wunderschönen Blick über die Flensburger Außenförde und – an klaren Tagen – bis hinüber nach Ærø hat man vom 1896 errichteten **Leuchtturm** (18 Meter hoch); von Mai bis September kann er besichtigt werden. Die Kirche in **Sønderby / Sönderby** ließ Herzog Johann der Jüngere 1615 zur Buße errichten. Im Winter zuvor hatte er zehn Bauern hinrichten lassen, denen er Wilddiebstahl vorwarf. Später stellte sich heraus, dass sie unschuldig waren.

Ideales Surfrevier vor dem Leuchtturm.

Der Damm nach Kegnæs.

Die letzte auf Alsen erhaltene Wassermühle.

Wassermühle

Seit 250 Jahren existiert die Wassermühle von Wibek (dänisch **„Vibæk Vandmølle"**) an der Straße nach Kegnæs/Kekenis. Ungewöhnlich und selten ist die Kombination von Wasser- und Windmühle.

LYSABILD

Leuchtturm als Denkmal

Die älteste Kirche der an Gotteshäusern reichen Insel steht in Lysabild. Die **St.-Michaels-Kirche** entstand bereits im 12. Jahrhundert. Mit ihren 500 Sitzplätzen gehört sie zu den fünf größten Dorfkirchen Dänemarks. Der nur elf Meter hohe Leuchtturm von Gammel Pøl/Gammelpöhl an der Süd-ostspitze von Alsen – dort gibt es schöne Strände - weist seit 1905 der Schiffahrt den Weg in die Flensburger Förde. Vermutlich wurde er damals in Zusammenhang mit der Einrichtung des Marinestützpunkts Flensburg errichtet. Seit dem Jahr 2002 steht der eiserne Turm unter Denkmalschutz.

www.visitsonderborg.de

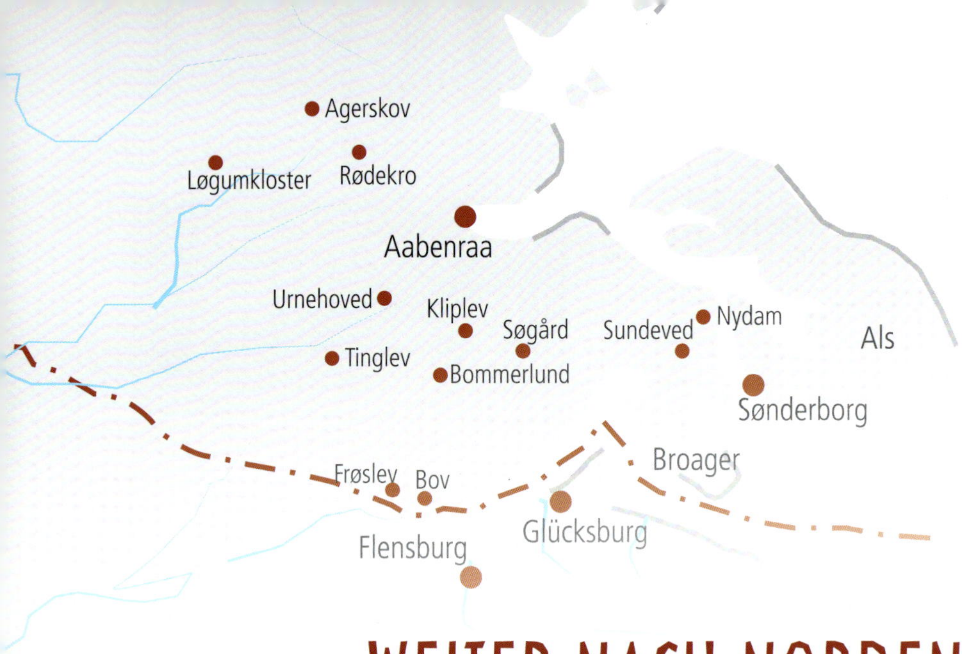
Agerskov
Løgumkloster
Rødekro
Aabenraa
Urnehoved
Kliplev
Søgård
Sundeved
Nydam
Als
Tinglev
Bommerlund
Sønderborg
Broager
Frøslev
Bov
Glücksburg
Flensburg

WEITER NACH NORDEN

SUNDEVED / SUNDEWITT

I DENNE MOSE
400 m MOD NORDVEST
FANDTES
NYDAM BAADEN
1863

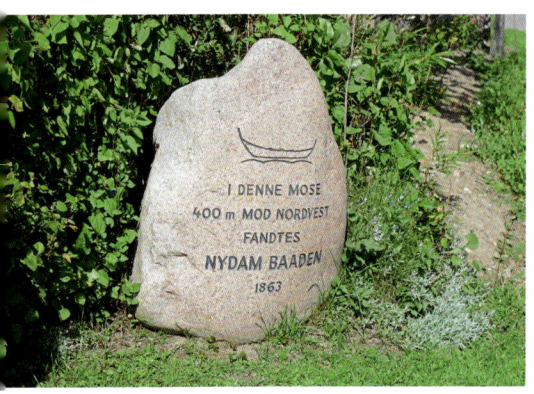

Gedenkstein an der Fundstelle des Nydam-Bootes.

Fundstätten der Archäologie

Die hügelige, von der Eiszeit geschaffene Landschaft zwischen der Apenrader Förde im Norden und der Flensburger Förde im Süden wird **Sundeved / Sundewitt** genannt. Alte Dörfer und ihre Kirchen, wie zum Beispiel in Felsted/Feldstedt oder die in Varnæs/Warnitz mit ihren herausragenden gotischen Altären, aber auch in Vester Sottrup/Wester-Satrup mit ihren Kalkmalereien, prägen die Landschaft.

Nydam – Geopfert im Moor

Das Nydam Moor, auf Dänisch Nydam Mose, in Sundeved/im Sundewitt ist eine der bedeutendsten archäologischen Fundstätten Nordeuropas. In mehreren Abschnitten zwischen 240 bis 450 n. Chr. wurde hier Kriegsbeute wie Waffen, aber auch Boote geopfert.

Berühmtester und einzigartiger Fund bei Ausgrabungen in dem Opfermoor zwischen dem Alsen Sund und dem Dorf Øster Sottrup/Ostersatrup war 1863 das **Nydam-Boot**, das heute im Archäologischen Landesmuseum auf Schloss Gottorf in Schleswig ausgestellt wird. Der Lehrer Conrad Engelhardt, der auch in einem weiteren Opfermoor, dem **Thorsberger Moor** in Angeln südlich der Grenze Ausgrabungen vornahm, untersuchte als erster das Nydam Moor und entdeckte dabei das Schiff.

Zwei weitere, zum Teil unter dem Nydam-Boot liegende ältere Boote aus Kiefern- und aus Eichenholz (3. Jahrhundert) sind nicht mehr erhalten. Bei späteren Ausgrabungen wurden unter anderem jedoch mehrere Ruder-Dollen des Nydam-Bootes entdeckt sowie Reste der alten Deckskonstruktion. Auch Teile von Riemen und eine Bootsleiter wurden gefunden.

Großes Fest: Der Nachbau des Nydam-Bootes nach dem Stapellauf.

Vor über 150 Jahren: Das Nydam-Boot als wissenschaftliche Sensation.

Eine Informationshütte der Nydamgesellschaft informiert über das Moor und seine Funde, zu denen neben Waffen auch Teile weiterer Boote zählen.

Der Nachbau: „Nydam Tveir"

Zur 150 Jahr-Feier der Entdeckung des Nydam-Bootes im Jahr 2013 wurde ein Nachbau des 23 Meter langen Nydam-Bootes fertig gestellt, der von einem eigens dafür gegründeten Verein in einer Scheune nahe dem Nydam Moor entstand. **„Nydam Tveir"** („Nydam zwei"), so der Bootsname, hat seinen Liegeplatz in Sottrupskov/Satrupholz, im Winter in einem eigenen „Naust", einem Bootshaus. Daneben entstand ein Informationsgebäude. Während der Sommermonate ist das Boot jeden Dienstag Abend auf dem Alsen Sund zu erleben – vorausgesetzt Wind und Wetter spielen mit.
www.nydam.nu

Das Schloss von Sandbjerg

In der Nähe liegt direkt am Alsen Sund das kleine Herrenhaus von Sandbjerg/Sandberg (Sandbjerg Slot), das ursprünglich Herzog Hans dem Jüngeren (1545–1622) gehörte. Heute nutzt die Universität Aarhus das Schloss als Seminarzentrum; vom frei zugänglichen Park Blick über den Alsen-Sund.

Entdecken und erleben

Ein **„Nydam Sti"** genannter Rundweg führt im Wald von Sottrupskov/Satrupholz streckenweise direkt am Alsen-Sund entlang. Im Erdboden kann man heute noch die tiefen Einkerbungen sehen, die im Juni 1864 knapp 100 Ruderboote hinterließen, mit denen die Preußen 12 000 Soldaten rund zwei Monate nach der Erstürmung der Düppeler Schanzen nach Als/Alsen übersetzten.

Varnæs Hoved ist ein Naturschutzgebiet südlich von Aabenraa/Apenrade. Karten der Wanderwege unter www.aabenraa.dk

Der Übergang preußischer Truppen 1864 über den Alsensund.

Essen und Trinken

Von Ballebro verkehrt die Fähre „Bitten" nach Hardeshøj auf Alsen. Eine Augenweide ist der restaurierte **Fährkrug von Ballebro** mit seinem verschnörkelten Holzpavillon. Færgevej 5, DK-6400 Sønderborg www.ballebro.dk

„Krusmølle"/Krusmühle ist eine bereits 1569 zum ersten Mal erwähnten Wassermühle, später gehörten zeitweise eine Branntweinbrennerei und ein Elektrizitätswerk dazu. Die jetzigen Mühlengebäude stammen vom Ende des 19. Jahrhunderts und beherbergen ein Café und Kunsthandwerk. Krusmøllevej 10A, DK-6200 Aabenraa www.krusmoelle.dk

Kaffee und Kunsthandwerk in Krusmølle.

AABENRAA / APENRADE

Geprägt vom Hafen und der Schifffahrt

Seefahrt und Fischerei haben die Stadt über die Jahrhunderte geprägt. Schon die drei

Makrelen im Stadtwappen erinnern an die Ursprünge des bereits 1231 zum ersten Mal als Fischerort erwähnten Opneraa, der um 1330, vielleicht auch bereits 1284, Stadtrecht erhielt. Im Mittelniederdeutschen, der

Sprache der Kaufleute jener Zeit, bürgerte sich der Name „Apenrade" ein.

Vor allem der Ostasienhandel bescherte der Stadt, die lange Zeit im Schatten Flensburgs stand, im 18. und 19. Jahrhundert ein blühendes Wachstum. Zeitweise existierten in der Stadt sechs Schiffswerften. Bis heute verfügt Aabenraa/Apenrade über einen lebendigen Hafen. Idyllisch sind dagegen die Straßen und Gassen rund um die Kirche und den **Wächterplatz,** wo eine ganze Reihe von Häusern unter Denkmalschutz steht.

In der ehemaligen Navigationsschule nördlich der Altstadt wurde der spätere Westberliner Bürgermeister **Ernst Reuter** (1889-1953) geboren, sein Vater war dort Lehrer.

Das **spätklassizistische Rathaus** der Stadt (Mitte 19. Jahrhundert) ist heute vor allem für Brautpaare ein romantischer Ort für die Trauung.

Verwaltet wird die Großkommune, zu der nach der jüngsten Gebietsreform ein 60 000 Einwohner umfassendes Areal unter anderem mit Bov/Bau, Tinglev/Tingleff und Rødekro/Rothenkrug gehört, vom modernen Gebäude des Verwaltungsbezirks Syddanmark aus am südlichen Stadtrand.

In Aabenraa/Apenrade sind zahlreiche Institutionen der **Deutschen Minderheit** beheimatet, neben der Dachorganisation des Bundes Deutscher Nordschleswiger und dem Generalsekretariat auch das zweisprachige „Deutsche Gymnasium für Nordschleswig" sowie die deutsche Büchereizentrale, außerdem aber auch „Der Nordschleswiger" (im Internet Informationen über Nordschleswig und Dänemark auf deutsch).

Bund Deutscher Nordschleswiger
Deutsches Generalsekretariat
Vestergade 30, DK 6200 Aabenraa/
Apenrade
www.bdn.dk
www.deutschesgym.dk,
www.nordschleswiger.dk

Tipp: Mehr über die Geschichte der Stadt erfahren Besucher bei einer ganz speziellen Führung durch die Altstadt. Während der Sommermonate können sie dem **Nachtwächter** auf seiner traditionellen Runde durch die Stadt folgen.
www.visitaabenraa.dk

Brundlund Slot

Das weiße Schloss am Stadtrand beherbergt heute ein Kunstmuseum, und die dazugehörige Wassermühle ist das Wahrzeichen der Stadt.

Die Ursprünge des Schlosses gehen auf Königin Margrethe I. (1353–1412) zurück, das jetzige Gebäude entstand als Festungsbau im 16. Jahrhundert und wurde zuletzt Anfang des 19. Jahrhunderts im klassizistischen Stil durch den dänischen Architekten C. F. Hansen umgestaltet.

In der Nachbarschaft des Schlosses befindet sich der große Ringreiterplatz. Nordschleswig (siehe auch Sønderborg/Sonderburg) ist die Hochburg des aus dem Mittelalter stammenden, ursprünglich ritterli-

Das Kunstmuseum Brundlund Slot.

chen Sports, bei dem ein Reiter versucht, im Galopp mit einer Lanze einen kleinen Ring aufzuspießen.
www.msj.dk

Kirche

Die St.-Nicolai-Kirche stammt aus der Zeit um 1252 und ist im Kern spätromanisch. Sie ist die kleinste und älteste der nordschleswigschen Stadtkirchen. Die Kanzel von 1565 ist eine Arbeit der Frührenaissance und damit eine der ältesten im Land; aus dem Jahr 1642 stammt der üppig geschnitzte Barockaltar.

Museum

Den Schwerpunkt des 1887 gegründeten Museums bildet die Geschichte der gro-

ßen Apenrader Schifffahrtsunternehmen, darunter die auf der kleinen Insel Kalvø beheimatete Reederei Bruhn und die heute noch existierende Reederei Jebsen.

Beliebter Sport ist Ringreiten.

Die St.-Nicolai-Kirche aus dem Jahr 1252.

Herausragend sind die Erinnerungsstücke an die Ostasienfahrt im 18. und frühen 19. Jahrhundert.

Kulturhistorie Aabenraa

H. P. Hansens Gade 33, DK-6200 Aabenraa
www.msj.dk/kulturgeschichte-apenrade

Den gamle Smedie / Die alte Schmiede

In der Skibbrogade, der Straße, die von der „Schiffbrücke" (Skibbroen) nach Westen führt, liegt die 1845 gebaute „alte Schmiede". Einst arbeiteten hier bis zu 20 Schmiede für die Werften am Hafen. 1994 kaufte und restaurierte die Reederei Jebsen das alte Gebäude. Heute wird dort regelmäßig das alte Handwerk gezeigt.

Den gamle Smedie
Skibbrogade 13, DK-6200 Aabenraa

Postmestergården / Postmeisterei

Der alte Posthof „Postmestergården" wurde im Jahre 1758 für den Postamtsvorsteher Herman Daniel Linde gebaut. 1939 kaufte der Augenarzt Alfred Beyer das Haus und ließ den Garten vom Heidelberger Gartenarchitekten Hans Kayser so anlegen, wie er noch heute zu sehen ist. Bereits seit 1921 steht das Haus unter Denkmalschutz, seit 1982 auch der Garten.

Postmestergaarden
Søndergade 20, DK-6200 Aabenraa
www.postmestergaarden.dk

Jacob Michelsens Gård

Die Geschichte des Hofes, der sich heute im Besitz der Stadt befindet, reicht rund 400 Jahre zurück. Im Wohnhaus scheint die Zeit stehen geblieben zu sein. Zu besonderen Anlässen sind das Wohnhaus, das Werkstattgebäude und das Backhaus mit einem gemauerten Backofen und der unter Denkmalsschutz stehende Garten für Besucher geöffnet.

Jacob Michelsens Gård
Toften 37, DK-6200 Aabenraa
www. jacobmichelsensgaard.dk

Essen und Trinken

Restaurant „No10"
H.P.Hanssensgade 10, DK-6200 Aabenraa
www.no10.dk

Direkt am Strand: Restaurant
„Under Sejlet"
Flensborgvej 15, DK-6200 Aabenraa
www.undersejlet.dk

In einem ehemaligen Getreidespeicher und Kaufmannsladen: **Café Storm**
Storetorv 4D, DK-6200 Aabenraa
www.cafestorm-dk

Tourist-Information
Aabenraa Turistbureau
Storegade 30, DK-6200 Aabenraa
www.visitsonderjylland.dk

Abstecher: LØGUMKLOSTER / LÜGUMKLOSTER – Eine der schönsten Kirchen Dänemarks

Den Ursprung des Ortes bildete ein 1173 gegründetes Zisterzienser-Kloster. „Locus Dei", Ort Gottes, nannten die Mönche den Ort westlich von Aabenraa/Apenrade. Ihre romanisch-gotische Backsteinkirche (Bauzeit 1225 bis 1325) gilt als einer der schönsten Kirchenbauten Dänemarks. Entsprechend den strengen Regeln der Zisterzienser ist die Kirche sehr schlicht, sie wirkt vor allem durch ihre architektonische Harmonie. Einzigartig in Dänemark ist der erhalten gebliebene Reliquienschrein (um 1325) an der Nordwand des Chores.
Das Kloster bestand rund 400 Jahre lang, bis zur Reformation; 1548 wurde es aufgehoben.
Von der ursprünglichen Anlage existieren außer der Kirche noch etwa zwei Drittel

des Ostflügels (1250 bis 1275) mit dem Kapitelsaal und dem Schlafsaal (Dormitorium). Von dort aus führt eine „Nachttreppe" direkt in die Kirche. .
www. kirche.dk

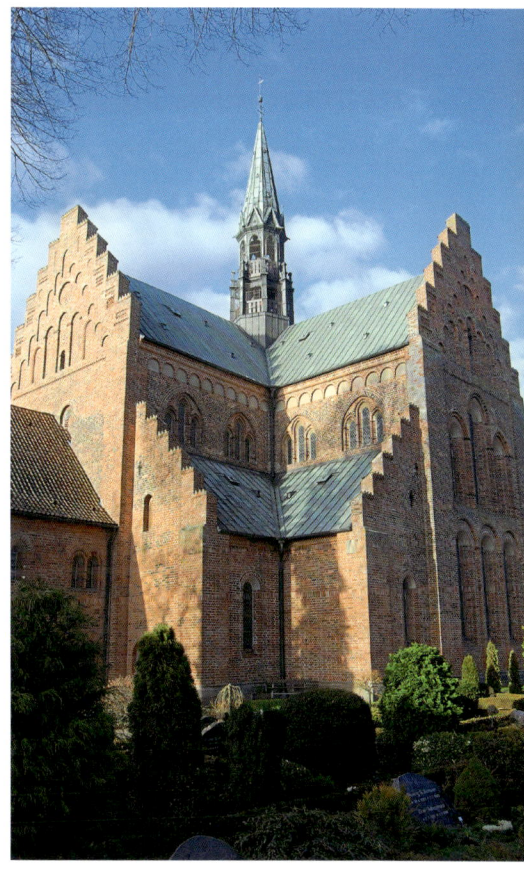

Lügumkloster: Einzigartig in Dänemark.

Skamlingsbanken

Christiansfeld

Gram

Årøsund Årø

Tørning
Haderslev

Knivsbjerg
Barsø
Kalvø
Vongshøj
Løgumkloster
Løjt

Aabenraa

VON AABENRAA NACH CHRISTIANSFELD

Nolde

LØJT / LOIT

Die Kirche St. Jürgen von Løjt Kirkeby.

Heimat der Seeleute

Nördlich von Aabenraa/Apenrade liegt „Løjt Land", die Halbinsel Loit mit viel Natur in hügeliger Landschaft. Reetgedeckte alte Bauernhöfe zeugen vom früheren Reichtum der fruchtbaren Landschaft. Von dort kamen im 19. Jahrhundert aber auch die Seeleute der Apenrader Handelsschiffe. In einem von der Eiszeit gebildeten Tal liegt **Rundemølle**, die „runde Mühle", eine alte Wassermühle, deren Geschichte bis auf das Jahr 1200 zurückverfolgt werden

Der spätgotische Flügelaltar und die Kalkmalereien im Inneren der Kirche.

kann. Nach ihrer Restaurierung 1997 präsentieren sich Mühle und Bäckereigebäude so, wie sie um 1890 ausgesehen haben.

Bei **Skarrev/Schärriff** im Süden der Halbinsel ist Myrpold, eine drei Meter lange Grabkammer aus der Bauernsteinzeit (etwa 3 200 v. Chr.), erhalten. Rund 1 000 Jahre lang wurde der Hügel als Begräbnisstätte genutzt. Bei Ausgrabungen entdeckten Archäologen 1888 nicht weniger als zehn Skelette, die in fünf Schichten übereinander lagen.

Kirche

Berühmtestes Ausstattungsstück der spätromanischen **Dorfkirche St. Jürgen**, erbaut zwischen 1125 und 1225, in Løjt Kirkeby, ist der spätgotische Flügelaltar; die Kalkmalereien im Chor der Kirche stammen aus der Zeit um 1500. Eindrucksvoll ist auch der spätgotische Turm der Kirche. Das Votivschiff in der Kirche, die Fregatte „Gloria Deo" von 1845, verweist auf die seemännischen Traditionen der Bewohner der Halbinsel Loit.

 Entdecken und erleben

Von Aabenraa/Apenrade führt ein Fahrrad- und Wanderweg auf der ehemaligen Kleinbahntrasse nach Stollig: der „**Knapsti**" (Im

143

Kulinarischer „Leuchtturm": Knapps Restaurant & Hotel.

Unterschied zum Restaurant nur mit einem „p" gechrieben).

Kraft und Geschicklichkeit erfordert der **„Highpark Sønderjylland"** bei Genner, an dessen höchsten Punkt sich die Kletterer 25 Meter über dem Erdboden bewegen.

Highpark Sønderjylland
Haderslevvej 464, DK-6200 Aabenraa
www.highparksoenderjylland.dk/de

Essen und Trinken

Neben einer 1836 erbauten Wasser-mühle (heute Hotel) in Stollig im Süden von Løjt/Loit liegt das Ende des 19. Jahrhunderts gebaute und 1988 sorgfältig restaurierte Ausflugslokal **Knapp Restaurant & Hotel** inmitten von Buchen neben einem kleinen See.

Restaurant & Hotel Knapp
Stennevej 79, Stollig, DK-6200 Aabenraa,
www.restaurant-hotel-knapp.dk
www.stollig.dk

BARSØ

Öko-Insel im Kleinen Belt

Auf der Insel im Lillebælt, dem „Kleinen Belt", leben 15 Menschen und 180 Kühe. Zu erreichen ist sie mit Dänemarks zweit-kleinster Fähre ab Barsø Landing. Ein Rund-gang um die Insel beläuft sich auf rund sie-ben Kilometer. Am Fähranleger steht „Bars Kaffeehus". Barsø mit seiner reichen Vogel-welt ist die zweite Ökoinsel Dänemarks. Die inseleigene Meierei liefert lokale Biomilch, gespritzt wird nicht mehr auf Barsø.

Die kleine Fähre nach Barsø.

KALVØ / KALÖ

Mini-Insel mit großer Werft

Über einen Damm zu erreichen ist die kleine Insel Kalvø / Kalö in der Genner Bucht.
Etwa 1,5 Kilometer lang ist der Spazierweg
rund um die Insel, die heute fast komplett
im Besitz des dänischen Umweltministeri-
ums ist. Arbeiterhäuser und eine alte
Schmiede erinnern daran, dass sich hier im
19. Jahrhundert die zweitgrößte Holz-
schiffswerft Dänemarks befand.

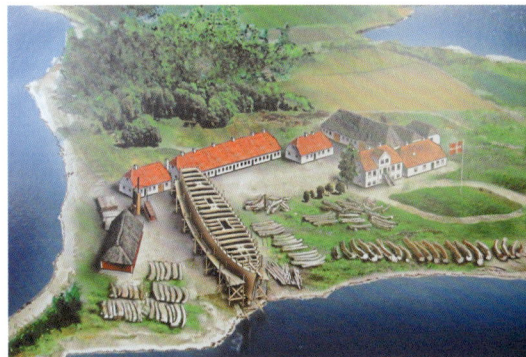

Modell der alten Holzschiffwerft.

Maritimes Kalvø

Der Verein „Det Maritime Kalvø" beschäftigt sich mit der Seefahrtsgeschichte der
Region. Auf der kleinen Insel war 1857
vom Apenrader Reeder Jørgen Bruhn ein

Das maritime Museum von Kalvø.

Kalvø ist auch ein Paradies für Wassersportler.

145

Letzte Handgriffe vor dem Stapellauf eines Wikingerschiff-Nachbaus.

Schiffbaubetrieb mit 100 Arbeitskräften errichtet worden. Der erste Stapellauf fand 1854 statt; bis 1864 wurden acht weitere Segler gebaut. Darunter das größte zu der Zeit in Skandinavien konstruierte Schiff, der Dreimaster „Cimber" (89 Meter Länge), der die Route Liverpool – San Francisco in 107 Tagen bewältigte. Mehr über die große Geschichte der kleinen Insel in „Kalvø Værftsmuseum" (im Winter geschlossen).
www.calloe.dk

KNIVSBJERG / KNIVSBERG

Von der Genner Bucht in die Hüttener Berge

Einen weiten Blick über die Gennerbucht nördlich von Aabenraa/Apenrade bietet der 97 Meter hohe **Knivsbjerg/Knivsberg**, ein Überbleibsel der Eiszeit. Dort befindet sich auch der Jugendhof der deutschen Minderheit. Ein wesentlicher Termin im Jahreskalender der Minderheit ist das sportbetonte Knivsbergfest im Sommer, 1895 fand es zum ersten Mal statt.
Bis 1945 stand auf dem Knivsberg ein Bismarck-Turm. Die von dem Bildhauer Adolf Brütt (1855 bis 1939) geschaffene **Bismarck-Statue** selbst wurde 1919, noch vor der Abstimmung von 1920, demontiert

Der „Bismarck" vom Knivsberg steht jetzt in Ascheffel (Schleswig-Holstein).

146

und später auf dem **Aschberg** in den Hüttener Bergen im Kreis Rendsburg-Eckernförde neu aufgestellt, dort steht sie noch heute.

Den Turm sprengten dänische Widerstandskämpfer im August 1945.
Zum Baden bietet sich der Strand von **Sønderballe** an.

ÅRØSUND UND ÅRØ

Wein von der Insel

Von Årøsund legten einst die Fähren zur Insel Fünen auf der anderen Seite des Kleinen Beltes ab, heute gibt es nur noch die kleine Fähre zum nahen Naturparadies Årø. Der Hafen von Årøsund ist nicht mehr Drehscheibe des Verkehrs mit Postamt und eigenem Bahnhof, dafür aber beliebtes Ausflugsziel für Segler und Badegäste, die den Charme des Ortes schätzen. Und dazu trägt wesentlich das alte Badehotel direkt am Wasser bei. Sein Baustil repräsentiert die Badekultur um 1900 – aber

Der Charme vergangener Zeiten: Das Badehotel von Årøsund.

147

MASSIVBAUWEISE

Nach dem Ende des Zweiten Schleswig-schen Krieges zwischen Preußen/Öster-reich und Dänemark, den Otto von Bis-marck ausgelöst hatte, verzichtet der König von Dänemark, Christian IX., zugleich Her-zog von Schleswig und Holstein, auf seine Rechte an diesen, den „deutschen" Her-zogtümern. Seit 1460 hatten alle dänischen Herrscher diese Ränge eingenommen. Der Verzicht wird im Frieden von Wien am 30. Oktober 1864 vereinbart. Ab diesem Tage üben die Siegermächte, das Kaiserreich Ös-terreich und das Königreich Preußen, Sou-veränität und Verwaltung über die Herzog-tümer gemeinsam als Kondominium aus.

Dieses System funktioniert jedoch nicht. Um wenigstens bestimmte, gravierende Reibungspunkte zu vermeiden, vereinba-ren die Mächte in der Gasteiner Konventi-on vom 14./19. August 1865, bei Auf-rechterhaltung der gemeinsamen Souverä-nität, die Verwaltung ihres Territoriums künftig getrennt auszuüben: Holstein wird von Wien verwaltet, Schleswig von Berlin.

1866 kommt es zwischen Preußen und Ös-terreich zum Deutsch-Deutschen Krieg, den das Kaisertum verliert. Der Prager Frie-den vom 23. August 1866 führt zum Ver-lust der Rechte der Habsburger Monarchie an den Herzogtümern:

„Art. 5 – Seine Majestät der Kaiser von Ös-terreich überträgt auf Seine Majestät den König von Preußen alle Seine im Wiener Frieden vom 30. Oktober 1864 erworbe-nen Rechte auf die Herzogthümer Holstein und Schleswig …"

Am 12./19. Januar 1867 werden die Her-zogtümer formell dem Königreich Preußen einverleibt. Ihr Status der Eigenständigkeit im dänischen Staatsverband ist Geschichte; sie sinken herab zur preußischen Provinz Schleswig-Holstein, führen eine geografi-sche Randexistenz, bis dann nach dem Ende des Zweiten Weltkrieges die britische Besatzungsmacht Preußen auflöst und das Land Schleswig-Holstein begründet.

Die Machtübernahme Preußens bedeutet einen grundstürzenden Bruch in Schleswig und Holstein in allen Lebensbereichen. So auch im Bauen, in der Architektur. Dieses Preußen der zweiten Hälfte des 19. Jahr-hunderts ist an Architektur als Bestandteil von Lebensqualität nicht interessiert. Es muss Raum schaffen für Militär, Verwal-tung, Justiz und im Schulwesen. Die Ge-bäude, die entstehen, dienen einerseits natürlich profanen Zwecken des Bedarfs. Sie haben aber noch einen weiteren, alles überragenden Zweck: den der Demonstra-tion von Macht, von Jetzt-Hier-Sein und es unübersehbar zeigen.

Preußen kümmert sich nicht um Ensemble und Stadtgestalt. Preußen schafft den Soli-tär, die unübersehbare Manifestation sei-

Die Kaserne in Haderslev aus der deutschen Kaiserzeit.

ner Herrschaft. Und da es ein einheitsstaatlich, autoritär strukturiertes System ist, errichtet es überall in seinem Herrschaftsbereich identische Architekturen mit einem unübertrefflichen Wiedererkennungswert; von Tilsit bis Aachen, von Hadersleben, Sonderburg oder Schleswig bis Breslau dominieren sie Umfeld und Ort, so auch im alten Herzogtum Schleswig. Die Entwürfe zu diesen Bauten, „Schubladenentwürfe", entstehen zentral in der Bauverwaltung in Berlin und ihren provinziellen Dependancen. Aus dänischer Zeit ist das Land Zurückhaltung und Kleinmaßstäblichkeit gewöhnt, was den Charakter des Landes mit seinen Klein- und Mittelstädten und den weiten ländlichen Räumen entspricht.

Preußens Bauten stören im Gefühl; aber darauf kommt es nicht an.

Heute nehmen wir sie zur Kenntnis als Zeugnisse einer lange zurückliegenden Zeit; interessant sind sie für uns, aber letztlich doch immer weiter fremd: Schleswig-Holstein ist nie wirklich preußisch geworden. Und das empfinden auch wir als Nachgeborene noch genau: Das lichte, ganz leicht wirkende Schloss Gottorf ist uns näher als der „Rote Elefant" der preußischen Regierung, das heutige Oberlandesgericht: Die riesigen Kasernenanlagen wollen nicht „passen". Und dennoch: Auch das preußische Erbe ist Teil der Geschichte.

Nolens, volens.

Dr. Klaus Alberts

Eine Bunkerstellung aus dem Ersten Weltkrieg.

einer Remise aus dem Jahr 1903 den Betrieb auf. Heute gehört die kleine Werft zu den wenigen in Dänemark, die sich noch dem Bau hölzerner Boote und Yachten verschrieben haben. Die Besonderheit der kleinen Insel Årø: Seit 2004 wird dort Wein angebaut. Auch Königin Margrethe hat bei einem Besuch auf der Insel bereits den **„Årø Vingaard"** und den 150 Jahre alten ehemaligen Bauernhof „Brummers Gaard" besucht.
www. aarosundbaadebyggeri.dk

mit modernem Komfort. Und wer in der „Kaiser-Stube", der „Kejser Stue", speist, kann auf einem Sofa Platz nehmen, das einst der Schriftstellerin **Karen Blixen** („Jenseits von Afrika") gehört haben soll.
Die Tradition des Holzschiffbaus führt die **„Årøsund Baadebyggeri"** fort. 1968 nahm der Bootsbauer Johannes Heebøll in

> **Essen und Trinken**
> **Årøsund Badehotel**
> Ved Færgegården 1 Årøsund,
> DK-6100 Haderslev
> www.aaroesundbadehotel.dk
> Auf Årø gibt es ein Café in **Brummers Gaard**. Zum „Wein-Hof" gehört ein Hofladen (im Winter geschlossen).
> www.brummersgaard.dk
> www.aaro-vin.dk

HADERSLEV / HADERSLEBEN

Das Wittenberg des Nordens

Als Stadt der Kunst und der Geschichte versteht sich Haderslev/Hadersleben, das oftmals auch als „Wittenberg des Nordens" bezeichnet wird. Die Stadt zwischen

Fjord/Förde und Dam, wie der aufgestaute Teich im Dänischen genannt wird, war der erste Ort in Skandinavien, an dem im Jahr 1528 von Herzog Christian, dem späteren König Christian III. die Lehre Martin Luthers eingeführt wurde.

150

Die Stadt selbst wurde Mitte des 12. Jahrhunderts zum ersten Mal erwähnt. Zu den vielen sehenswerten alten Gebäuden der Stadt gehören unter anderem das **Herzog Hans Hospital** von 1569 mit der dazugehörenden Kirche, aber auch die Häuser in der **Slotsgade**/Schlossstraße und der **Præstegade**/Pastorenstraße mit dem Pastorat von 1751. Der **„Torvet",** der Marktplatz in der Altstadt, existiert bereits seit der Stadtgründung im 12. Jahrhundert.

Johann („Hans") der Ältere (1521-1580) war Herzog von Schleswig-Holstein-Hadersleben – der einzige übrigens, da er kinderlos starb. Haderslev/Hadersleben feiert die Erinnerung an den durchaus tatkräftigen Herzog jeweils im Juni mit dem „Hertug Hans Festival" (Herzog Hans Festival).

www.visithaderslev.dk
www. hertughansfest

Dom St. Marien

Die gotische Hallenkirche dominiert die Silhouette der Altstadt. Der Dom St. Marien war ursprünglich eine Kollegiatskirche, sozusagen eine „Filiale" des Schleswiger Doms. Die Kalkmalereien im Inneren des imposanten Baus, der größten Kirche im südlichen Dänemark, stammen aus dem 15. und frühen 16. Jahrhundert. Die Orgel mit ihren 73 Stimmen und gut 5 000 Pfeifen gilt als die zweitgrößte in Dänemark. Im Sommer finden regelmäßig Kirchenkonzerte im Dom statt.

Über allen Dächern – der Dom von Haderslev.

Mit seinem imposanten Dom ist Haderslev/Hadersleben auch Teil der europäischen Route der Backsteingotik.

www.eurob.org

Historische Bauwerke im Museum von Haderslev.

Museen

Das **Haderslev Museum** ist das archäologische Museum Nordschleswigs. Die vorgeschichtliche Sammlung gilt als eine der größten in Dänemark. Zu den ausgestellten Funden gehört unter anderem Dänemarks ältestes Grab. Es stammt aus der Jägersteinzeit etwa 8250 Jahre v. Chr. und wurde im Jahr 2001 bei Hammelev westlich von Haderslev entdeckt. Gezeigt werden außerdem Exponate aus dem Opfermoor von Ejsbøl, das neben Nydam und dem Thorsberger Moor zu den bedeutendsten eisenzeitlichen Opferstätten zählt. In der Außenanlage befindet sich ein **Freilichtmuseum** mit zwei Wohnhäusern aus dem 18. Jahrhundert, einer Balkenscheune von 1628, einer Bockmühle von 1741, einer Schmiede aus der Mitte des 19. Jahrhunderts und eine Reihe wieder aufgebauter Denkmäler aus der Vorzeit.

Haderslev Museum
Dalgade 7, DK-6100 Haderslev
www.msj.dk

Daneben gibt es das **„Haderslev Museum"** zur Geschichte der Stadt, das in einem 1580 errichteten Renaissance-Gebäude untergebracht ist. Das Nachbarhaus mit der Adresse Slotsgade 20 ist die Adresse der **„Ehlers Samlingen"**, Nordeuropas größter Keramiksammlung mit Exponaten vom Mittelalter bis etwa 1940.

Das Gebäude, das heute die Sammlung beherbergt, stammt aus dem Jahr 1577.

Haderslev Museum
Slotsgade 22, DK-6100 Haderslev

Die „**Slesvigske Vognsamling**" (Schleswigsche Wagensammlung), eine der größten Sammlungen Nordeuropas, zeigt Zugkarren, Schlitten und herrschaftliche Kutschen. Außerdem ist die Stellmacher-Werkstatt nachgebildet. (im Winter geschlossen)

Slesvigske Vognsamling
Simmerstedvej 1A, DK-6100 Haderslev
www.historiehaderslev.dk

 Entdecken und erleben

Einmalig in Dänemark ist der **Streetdome** am Hafen als Mekka des Straßensports. Außerdem wird dort „Bouldering" angeboten, eine spezielle Variante des Felswandkletterns. Unter der Bezeichnung „Acture Park" werden darüber hinaus mehr als 50 Outdoor-Aktivitäten überwiegend rund um Haderslev/Hadersleben angeboten.

Christian X's Vej, DK-6100 Haderslev
www.acturepark.dk
www.streetdome.com

Paradies für Jugendliche – der Streetdome.

Tipp: Auch in Haderslev/Hadersleben werden Stadtführungen mit dem **Nachtwächter** angeboten. Seit dem Mittelalter entwickelten sich in vielen Städten des heutigen Dänemarks Nachtwächtergilden, die auf ihren Rundgängen für Sicherheit sorgen sollten – heute zur Freude der Touristen.
www.haderslev-vaegterlaug.dk

 ### Entdecken und erleben

Für **Ausflüge** rund um Haderslev/Hadersleben bieten sich viele Möglichkeiten: Paddeln, Segeln oder Rudern auf dem Dam/Damm genannten Haderslebener „Haussee", ursprünglich ein mittelalterlicher Stausee für den Betrieb der Schlossmühle, oder auf der Haderslebener Förde, die im Sommerhalbjahr vom **Raddampfer „Helene"** befahren wird.
Eine Museumsbahn verbindet Haderslev mit Vojens/Woyens westlich der Stadt: die

Die Kirche von Starup.

„Haderslev-Vojens-Banen" (Siehe auch Vojens).
www.veteranbanen-haderslev-vojens.dk

„Haderslev Dyrehave" ist ein rund 100 Hektar großes **Wildgehege** südlich des Dam/Damms mit einer Reihe markierter Wanderwege. Hier leben Damwild und Rothirsche.
Die letzte von einst 15 Mühlen rund um Haderslev/Hadersleben ist die restaurierte Mühle von Sillerup (Baujahr 1859), die sich heute als „lebendes Museum" präsentiert.
www.sillerupmoelle.dk

„Camino Haderslev Næs" heißt ein insgesamt 109 Kilometer langer Pilgerpfad, der an neun Kirchen vorbeiführt. Darunter ist auch die Kirche von Søndre Starup/Süder Starup am Südufer des Haderslev Fjords, mit deren Bau bereits um das Jahr 1100 begonnen wurde (Kalkmalereien z. T. mittelalterliche Rekonstruktionen). Zur Wikingerzeit befand sich dort vermutlich ein saisonaler Marktplatz.
www.caminohaderslev.dk

Essen und Trinken

Mit Blick auf den Dam/Damm: das Restaurant **„Damende"**.
Fredstedvej 70, DK-6100 Haderslev
www.damende.dk

Traditionsreich: **„Harmonien"**.
Gåskærgade 19, DK-6100 Haderslev
www.harmonien.dk

TØRNING / TÖRNING

Kutschfahrt zur Mühle

In **Theodor Storms** Novelle „Ein Fest auf Haderslevhuus" ist Törning Schauplatz der Handlung. Im Jahr 1331 wurde an dem Ort sieben Kilometer westlich von Hadersleben, der zugleich Thing-Stätte war, erstmals eine Burg erwähnt. Übrig geblieben ist bis heute nur noch ein Teil des imposanten Burgwalls. Eng verbunden mit dem Herrschaftssitz war stets die Wassermühle unterhalb der Burg.

Tørning ist ein beliebtes Ausflugszentrum und im Sommer Ort wechselnder Ausstellungen. Im Angebot der Veteran-Bahn zwischen Vojens und Haderslev ist auch der **„Tørning-Express",** mit einer Kutschfahrt zur Mühle und einer Bootsfahrt auf dem Haderslebener Dam.

Abstecher: GRAM / GRAMM Übernachten im Schloss

Zentrum des Geest-Ortes zwischen Ribe an der Westküste und Haderslev / Hadersleben ist seit Jahrhunderten das dreiflügelige Schloss, dessen Ursprünge bis in das späte 15. Jahrhundert zurückreichen; den Südflügel ließ der Feldherr Hans Schack (1609-1676) aus Møgeltønder / Mögeltondern errichten. Bis zum Jahr 2007 war das Schloss im Besitz eines Zweiges dieser Familie.

Tørning ist ein beliebtes Ausflugziel.

Zum Gut gehört ein ökologisch geführter Landwirtschaftsbetrieb, mit 1300 Hektar einer der größten in Dänemark. Das Schloss selbst wird zum Teil als Hotel für Veranstaltungen genutzt, und es werden Führungen angeboten. Zu besichtigen sind außerdem der Schlosspark und der anschließende Wald „Lunden" mit 300 alten Buchen.

www.gramslot.dk

Museum

Einen Anziehungspunkt für Fossiliensammler und an der Vorgeschichte Interessierte bieten das Museum **„Gram Lergrav – Palæontologi"** mit der Tongrube (dänisch Lergrav) und zehn Millionen Jahren alten Versteinerungen. Schwerpunkt der

155

Ausstellung ist eine Sammlung von etwa acht Millionen Jahren alten Walfossilien. In der Tongrube dürfen Besucher selbst Fossilien ausgraben und mit nach Hause nehmen. Lergravsvej 2, DK-6510 Gram
www.msj.dk

Kirche

Die St. Vincent-Kirche von Gram/Gramm stammt aus der Zeit um 1200. Der Turm wurde im 15. Jahrhundert angebaut, die ältere der beiden Kirchenglocken darin datiert von 1512.
www.kirkerneigram.dk

Essen und Trinken

Gram Slot: In einem Gebäude des ehemaligen Wirtschaftshofes „Gramgaard" des Schlosses befinden sich ein Restaurant und ein Hofladen. Slotsvej 54, DK-6510 Gram
www.gramslot.dk

Traditionsreich: Der seit 1673 bestehende **„Slotskro",** der sich seit mehr als hundert Jahren im Besitz einer Familie befindet. Slotsvej 52, DK-6510 Gram
www.gramslotskro.dk

CHRISTIANSFELD

Bilderbuch-Stadt ist Unesco-Welterbe

Im Jahr 2015 wurde Christiansfeld mit dem begehrten Titel **Unesco-Welterbe** ausgezeichnet. Die 2 500-Einwohner-Gemeinde zwischen Haderslev und Kolding, eine Gründung der Herrnhuter Brüdergemeine, ist ein Ort wie aus dem Bilderbuch.
Ihren Namen verdankt die kleine Stadt dem dänischen König Christian VII. Er hatte 1768 in den Niederlanden den Ort Zeist und dort die geschickten Handwerker und Händler der protestantischen Herrnhuter kennen gelernt. Weil er sich eine Belebung

der Wirtschaft versprach, gestattete er der pietistischen „Brüdergemeine" (abgeleitet von Gemeinschaft, deshalb ohne „d") die Ansiedlung auf seiner Domäne Tyrstrup. 1773 wurde der Grundstein für das erste Haus gelegt. Schnurgerade Straßen, mit Linden bepflanzt, zeichnen den Ort aus. Eine alte Spezialität sind die Christiansfelder Lebkuchen, die nach einem Rezept aus dem 18. Jahrhundert gebacken werden.
www.brødremenigheden.dk

Kirche

Fast 1 000 Menschen fasst die 1777 geweihte Kirche, die um 1800 noch einmal um zwei Seitenflügel erweitert wurde. Sie ist damit Dänemarks größter Saal ohne Stützpfeiler. Kennzeichnend für die Herrnhuter Brüdergemeine ist die Schlichtheit des Gotteshauses, in dem es nur einen Altartisch mit Rednerpult gibt. Einziger Raumschmuck sind die ursprünglichen, handgeschmiedeten Kronleuchter. Die Kirche ist in eine Frauen- und eine Männerseite geteilt.

Schmucklos sind auch die (durchnummerierten) **Grabsteine** auf dem Friedhof des

Die – durchnummerierten – Gräber von Christiansfeld.

Einer der größten Kirchenräume in Dänemark.

157

HONIGKUCHENBÄCKER IN CHRISTIANSFELD

Mitten im landwirtschaftlich geprägten Südjütland – aber mit eigenem Autobahnanschluss – trifft man auf einen Ort, der mit seinem großen, erhaltenen historischen Ortskern unmittelbar seine besondere Geschichte anzeigt: die Herrnhuter Siedlung Christiansfeld, die nach Christian VII. benannt ist. Der Monarch hatte die Glaubensgemeinschaft durch den Gründer der Herrnhuter Siedlung, seinen Verwandten

Die Kirche von Christiansfeld.

Süßes an jeder Straßenecke.

Graf Zinzendorf, kennengelernt. Am Vertrag für die Ansiedlung im Herzogtum Schleswig hatte Johann Christian Friedrich Struensee (deutscher Arzt und Minister am dänischen Hof, 1737-1772, hingerichtet) mitgewirkt.

In den ersten vierzig Jahren nach der Gründung im Jahr 1773 wurde der Ort planvoll angelegt. Um die Stadtmitte entstanden in den Epochen des Barock, des Rokoko, des Empire und des Klassizismus die Häuser der ledigen Brüder und ledigen Schwestern, die Mädchen- und Jungenschule mit Internaten, das Hotel der Brüdergemeine, die Häuser der Familien und die Manufakturen. Die zurückhaltenden Architekturformen sind Ausdruck des genügsamen Lebens der Herrnhuter.

Neben der vorbildlichen handwerklichen Produktion wurde bereits 1783 das Backen von Honigkuchen ein wichtiger, bis heute blühender Erwerbszweig. Honigkuchen (deutsch: Lebkuchen oder auch Pfefferkuchen) aus der Bäckerei von Christian E. Rasch waren keine Luxusgüter für die Weihnachtszeit, sondern das Backwerk konnte aufgrund des geringen Mehlanteils viel länger als Brot aufbewahrt werden und war deswegen in der Bevölkerung als Vorrat sehr beliebt. Die Herrnhuter hatten die Rezepte aus ihrer deutschen Heimat mitgebracht, Im Süden kannte man schon lange die importierten Gewürze wie Pfeffer, Zimt, Nelken, Piment, Koriander, Ingwer, Kardamom und Muskatnuss. Bald fanden die Honigkuchen in weitem Umkreis bis nach Kopenhagen ihre Abnehmer.

Es sind nur wenige Familien, die die Bäckerei bis jetzt betreiben. Heute liegt die Bäckerei an der Hauptkreuzung des historischen Zentrums. Zwar wird im Geschäft immer noch das ursprüngliche Rezeptbuch gezeigt, aber nicht nur wegen der Einführung des Backpulvers konnten inzwischen neue Produkte aus Honigkuchenteig hergestellt werden. Auch die Kunst der Bäcker hat neue Formen, Füllungen aus Cremes und Frucht und Kuvertüren hervorgebracht, die den hohen Ansprüchen der von weit anreisenden Kunden entsprechen. Ergänzt wird das Lebkuchenangebot durch herausragende Schokoladenprodukte.

Der Besuch des Gemeindesaals, der Weg zur beeindruckenden Friedhofsanlage, ein Gang durch die Lindenallee, die Besichti-

Leckereien aus Christiansfeld.

gung der Häuser, die in den letzten Jahren renoviert wurden, könnte durch einen genussreichen Besuch in der Honigkuchenbäckerei abgeschlossen werden.

Willy Diercks

Die Allee zum Friedhof.

Ortes, auf dem die Christiansfelder vom ersten Tag der Stadtgründung an beigesetzt wurden, auch sie getrennt nach Männern und Frauen.

Museum

Das Museum der Brüdergemeine im ehemaligen Witwenhaus (Nørregade 16) erzählt die Geschichte der Herrnhuter. Gezeigt werden außerdem Exponate aus der Entwicklung der Stadt, und es informiert auch über Missionsstationen auf Grönland, in Afrika, Surinam und Labrador.
Nørregade 14, DK-6070 Christiansfeld
www.brødremenigheden.dk

Essen und Trinken

Brødremenighedens Hotel
Lindegade 25, DK-6070 Christiansfeld
www.bmhotel.dk

Tyrstrup Kro
Tyrstrup Vestervej 6, DK-Christiansfeld
www.tyrstrupkro.dk

Informationen für Besucher
Christiansfeld Centret
Nørregade 14,
DK-6070 Christiansfeld
www.christiansfeldcentret.kolding.dk

SKAMLINGSBANKEN

Aussichtspunkt mit Geschichte

113 Meter hoch mit einem weiten Blick von Christiansfeld bis zum kleinen Belt: Skamlingsbanken, zehn Kilometer südöstlich von Kolding ist der höchste „Berg" im südlichen Dänemark. In der Geschichte steht er für die dänisch gesinnten Bewohner Südjütlands, die sich dort 1843 zum ersten Mal versammelten; bis heute gilt er

als nationales Symbol. Ein 1863 errichteter Gedenkstein wurde ein Jahr später von preußischen Truppen gesprengt, seit 1866 ragt ein 16 Meter hohes Denkmal aus 25 Granitblöcken in den Himmel. Zum Mittsommerfest (St. Hans-Tag) der dänischen Widerstandsbewegung kamen 1945 rund 80.000 Menschen.

Bis zum Herbst 2021 soll das neue Besucherzentrum neben dem Restaurant fertig gestellt sein, das teilweise unter einem Grasdach in den Berg hineingebaut wird; finanziert unter anderem durch die Skamlingsbanke-Gesellschaft und mit 40 Millionen Kronen bezuschusst durch den A.P.Møller-Fonds. Im August werden auf Skamlingsbanken oftmals Opernaufführungen angeboten.

www.skamlingsbanken.info

Museum

Das private „**Genforenings- und Grænsemuseet**", (Wiedervereinigungs- und Grenzmuseum) nördlich von Christiansfeld an der Landstraße 170 beschreibt unter anderem Schmuggel und Kontrollen an der alten Grenze und der in Dänemark als „Wiedervereinigung" gefeierten Verschiebung der Grenze nach Süden als Resultat der Volksabstimmung von 1920.

Genau gegenüber, auf der anderen Straßenseite, erinnert „Den gamle Grænsekro" an die Zeiten, als sich dort preußische bzw. deutsche und dänische Zöllner gegenüberstanden. Der „Alte Grenzkrug" von 1660 an der alten Königsau-Grenze gehörte zu den „privilegierten" Gastwirtschaften, deren Besitzer selber Schnaps brennen durften.

Genau an dieser Stelle überquerte König Christian X. am 10. Juli 1920 auf einem weißen Schimmel die bis dahin bestehende Grenze zwischen Deutschland und Dänemark.

Koldingvej 52. DK-6070 Christiansfeld
www.genforeningsmuseet.dk

So soll das neue Besucherzentrum von Skamlingsbanken nach der Fertigstellung aussehen.

Jels
Christiansfeld
Sommersted
Skrydstrup
Vojens
Haderslev

Agerskov
Rødekro
Aabenraa
Urnehoved Kliplev
Søgård
Tinglev Bommerlund

RECHTS UND LINKS VOM OCHSENWEG

Broager

Frøslev Bov
Glücksburg

Leck

BOV / BAU

Grenzort mit Geschichte

Direkt an der Grenze liegt der alte Ort Bov/Bau mit seiner im Kern romanischen Kirche. Der moderne Ortsteil **Padborg/Pattburg** ist das Zentrum der Speditionen in Dänemark.

In **Bov/Bau** kam es am 9. April 1848 zum ersten großen Gefecht des Schleswig-Holsteinischen Kriegs von 1848 bis 1851. Damals behielten die dänischen Truppen die Oberhand über die aufständischen Schleswig-Holsteiner. Ein Gedenkstein erinnert an diese Schlacht.

Museum

Der reetgedeckte ehemalige Hardesvogthof **„Oldemorstoft"** (1472 zum ersten Mal erwähnt) ist heute ein Museum, das über die Grenzgendarmerie, die Region und die Landwirtschaft früherer Zeiten informiert (geöffnet 1. April bis 31. Oktober).
Bovvej 2, DK-6330 Padborg
www.oldemorstoft.dk

Der Krumme Weg

„Den krumme vej", der Krumme Weg, ist ein alter Handelsweg, der im Ortsteil Rønsdam vom Ochsenweg abzweigte und nach Flensburg führte. 2001 wurde unmittelbar südlich der Grenze ein Stück des alten Kopfsteinpflasters freigelegt. Er ist einer der ältesten gepflasterten Wege des Landes, und der kleine restaurierte Abschnitt ist jetzt in dem Zustand wie im 17. Jahrhundert. Eine zweite Besonderheit: An dieser Stelle des „Krummen Wegs" steht der letzte – heute allerdings ständig geöffnete – Schlagbaum der deutsch-dänischen Grenze.

Der Hardesvogthof in Bov ist heute ein Museum.

Essen und Trinken

Der **„Bov Kro"** von 1566 neben der romanischen Kirche ist einer der

ältesten Gasthöfe Dänemarks.
Hærvejen 25, DK-6330 Padborg
www.bovkro.dk

FRØSLEV / FRÖSLEE

Gedenkstätte und Museum

Das ehemalige deutsche Gefangenenlager in Frøslev/Fröslee am Rand der Frøslev Plantage, dem Wald von Fröslee, ist eine **dänische nationale Gedenkstätte**. 1944/45 diente es als Lager der deutschen Sicherheitspolizei in Dänemark, hauptsächlich für Widerstandskämpfer. 1943, als die Deportationen von Dänen in deutsche Zuchthäuser und KZ zunahmen, hatten dä-

nische Behörden in Verhandlungen mit der Besatzungsmacht versucht, diese Entwicklung aufzuhalten. Ziel war die Errichtung eines Internierungslagers auf dänischem Boden. Damit sollten Deportationen von Dänen in Konzentrationslager verhindert werden. Dennoch wurden etwa 1 600 der rund 12 000 Insassen nach Deutschland, unter anderem nach Neuengamme bei Hamburg, deportiert; 220 von ihnen wurden ermordet.

HÆRVEJEN / DER OCHSENWEG: JÜTLANDS LEBENSADER

Ob fromme Pilger nach Rom wollten oder Ochsen vom Norden Jütlands an die Elbe getrieben wurden: Alle zogen über dieselbe Lebensader der jütischen Halbinsel, den Ochsenweg. Vermutlich bereits in der Bronzezeit (1700 bis 500 v. Chr.) wurde diese Nord-Süd-Route als wichtige Verbindung zwischen Nord- und Mitteleuropa genutzt. Der Ochsenweg stellte keine befestigte Trasse dar, wie die heute weitgehend parallel verlaufende Autobahn „A7", sondern viele Wegspuren liefen nebeneinander her. War eine ausgetreten, suchten sich Ochsentreiber, Händler, Pilger, Handwerker oder auch Landsknechte eine neue; daneben existierten Abzweiger, wie zum Beispiel der **„krumme vej"**/der „Krumme Weg", der nach Flensburg führte. Vermutlich 30 000 bis 50 000 Ochsen wurden im 16. Jahrhundert jedes Jahr auf dem Mittelrücken der jütischen Halbinsel nach Süden getrieben. Das änderte sich erst mit dem Eisenbahnbau im 19. Jahrhundert.

An der Westküste existierte ein Ableger des Ochsenwegs, der in Dänemark heute unter der Bezeichnung „drivvej" über 200 Kilometer als Wanderweg markiert ist. Südlich der Grenze führte ein westlicher Weg über **Leck**, dessen großer alter Marktplatz Zeugnis ablegt vom umfangreichen Viehhandel vergangener Zeiten. Und auch **Husum** war eine wichtige Zwischenstation. Während des Sommers mussten die nach dem langen Weg von Nordjütland bis Schleswig-Holstein abgemagerten Ochsen auf den saftigen Weiden der Marschen vor dem Weiterverkauf gemästet werden.

Um das Überqueren größerer Wasserläufe zu vermeiden, folgte der Ochsenweg auf dem Mittelrücken, der Geest, meist der Wasserscheide zwischen Nord- und Ostsee. Dort sind Bäche und Flüsse noch klein und oftmals leichter zu überwinden. Die ersten Holzbrücken wurden erst im 17. Jahrhundert errichtet. Steinerne Brücken, wie zum

Hörner als Symbol des Ochsenweges.

Beispiel bei **Immervad**/Immerwatt nordwestlich von Apenrade oder Bommerlund (bei Kruså/Krusau) entstanden Ende des 18. oder Anfang des 19. Jahrhunderts. Bis dahin mussten Reisenden beim Überqueren der Furten sogar manchmal ihr Leben aufs Spiel setzen. Eine der schönsten erhaltenen Brücken ist die **„Povls Bro**" aus dem Jahr 1844 nördlich von Kliplev/Klipleff.

In Dänemark wird der Ochsenweg meist **„Hærvej"**, Heerweg, genannt. Bereits 1241 tauchte die Bezeichung „königlicher Heerweg" für alle größeren Wege des Landes im „Jyske Lov", dem jütischen Gesetzbuch, auf. Für die Ausübung der königlichen Macht war er eine wichtige Verbindung. Für die Pilger – historisch verbürgt sind sogar Reisende aus Island – war die Wanderung über den Heerweg erst der Anfang eines langen Weges nach Rom oder Santiago de Compostela.

Südlich der Grenze sind nur wenige Reste des Ochsenweges original erhalten, zum Beispiel bei Lürschau oder Kropper Busch und Tetenhusen zwischen Schleswig und Rendsburg, wo sich der Ochsenweg in eine West- und eine Ostroute teilte. Stattdessen erfreut sich der Ochsenweg als **Fernradweg** steigender Beliebtheit. In Wedel an der Elbe – dort befand sich einst eine Fährstelle – endete der westliche Ochsenweg. Dort endet oder startet auch der moderne Fernradweg. In Hamburg erinnert der Name **„Ochsenzoll"** daran, dass die Treiber an der Grenze zur Hansestadt Zoll bezahlen mussten.

www.haervej.dk, www.sh-tourismus.de

Der „Krumme Vej" nach Flensburg.

Das Lager von Frøslev.

Unmittelbar am Grenzübergang Harrislee-Padborg erinnert auf der deutschen Seite seit 1998 ein **Mahnmal** an diese Deportationen. Ab dem 15. September 1944 wurden die Gefangenen von der damaligen **Harrisleer Bahnstation** aus in Viehwaggons verladen.

1945 wurde „Frøslev Lejren" in „Faarhus Lager" umbenannt. Damals waren dort zeitweise 3 500 Mitglieder der deutschen Minderheit interniert, denen man „Landesverrat" und Kollaboration vorwarf.

Neben dem eigentlichen Lager-Museum existieren heute in Fröslev / Fröslee ein Heimwehr-Museum (Hjemmeværnsmuseet), eines für die Geschichte des dänischen Katastrophenschutzes („Beredskabshistorie"), eines für die dänischen Blauhelm-Soldaten, eine Ausstellung über die Arbeit von amnesty international sowie eine Naturausstellung der dänischen Um-

weltbehörde (Skov og Naturstyrelsen). Außerdem hat sich dort eine Nachschule etabliert.

Frøslevlejrens Museum
Lejrvejen 83, DK-6330 Padborg
www.natmus.dk
www.fnmuseet.dk,
www.skovognatur.dk,

 Entdecken und erleben

Frøslev-Jardelunder Moor

Über beide Seiten der Grenze erstreckt sich nordwestlich von Flensburg das insgesamt 575 Hektar große **Frøslev-Jardelunder Moor**, an das sich auf der dänischen Seite das Waldgebiet der „Frøslev Plantage" anschließt. Wurde nach dem Zweiten Weltkrieg dort noch Torf gestochen, in Deutschland bis in die 1980er Jahre hinein, stehen jetzt 275 Hektar unter Naturschutz. Entstanden ist das Moor nach dem Ende der letzten Eiszeit vor 10 000 Jahren. Im Jahr 1988 unterzeichneten das Land Schleswig-Holstein und das dänische Amt Sønderjylland gemeinsam ein Renaturierungsprogramm, das auch eine Wiedervernässung des Moores vorsieht.

Auf der dänischen Seite führt ein 2,5 Kilometer langer **Rundweg** durch das Moor. Er beginnt in Frøslev / Fröslee am Parkplatz am Ende des Ladevej, der vom Pluskærvej links abzweigt. Karte unter: www.natursturelsen.dk / naturoplevelser / naturguider/froeslev-plantage/praktisk/

BOMMERLUND

Gedenkstein für den Schnaps

In der **Bommerlund Plantage** an der Brücke über die **Gejlå / Gehlau** nördlich von Bov/Bau ist ein Stück des alten Ochsenweges zu verfolgen, der über Jahrhunderte die jütländische Halbinsel von Nord nach Süd durchzog. Die Feldsteinbrücke stammt aus dem Jahr 1818. Unter der Brücke liegen immer noch die flachen Steine, die bis zum ersten Brückenbau das Überqueren der Furt erleichtern sollten. In der Nähe wurde ein Gedenkstein für den Bommerlunder Schnaps errichtet. Die Gastwirtschaft, in der er bis 1870 gebrannt wurde, existiert allerdings nicht mehr.

Ein Gedenkstein für einen guten Tropfen.

Seit 1818 gibt es eine Brücke über die Gejlå.

167

KLIPLEV / KLIPLEFF

Wallfahrtsort mit Viehmarkt

In Kliplev/Klippleff steht Dänemarks ältestes erhaltenes Holzbauwerk: Der aus Eichenholz gebaute Glockenturm der Kirche stammt aus der Zeit um 1300. Vermutlich wurde er in jener Zeit auch zur Verteidigung genutzt. Im Mittelalter war der Ort am Ochsenweg ein wichtiges Pilgerziel, so dass man um 1500 die alte Kirche teilweise abriss und eine neue baute. Ziel der Wallfahrten war ein heute nicht mehr existie-

rendes Kruzifix mit einer Christusfigur, die als „Sanct Hjælper", als „Heilige Helferin", galt. Man deutete sie als weibliche Figur, da die Jesus-Gestalt vollständig bekleidet war, wie es auf den ältesten bekannten Darstellungen, zum Beispiel dem Jelling-Stein, üblich war.

Mit der Bedeutung Kliplevs/Klipleffs als Wallfahrtsort wuchs auch der jährliche Viehmarkt. Heute ist **„Kliplé´ Mærken"** am zweiten Wochenende im Juni ein großes Zeltfest mit Musik, Floh- und Jahr-

Die Kirche von Kliplev.

markt; Pferde werden immer noch gehandelt. Aus dem 18. Jahrhundert stammt der ehemalige „Mørks Kro", einst eine der Gastwirtschaften am alten Ochsenweg.
www.kliplevmaerken.dk

Seit dem Jahr 1744 überspannt die **„Povlsbro",** die Paulsbrücke, die Bjernddrup Mølleå, die Mühlenau von Behrendorf. Sie erleichterte Pilgern und Ochsentreibern auf dem Ochsen- oder Heerweg die Reise nach Süden.

Die historische Povlsbro aus dem Jahr 1744.

URNEHOVED

Mord an der Thingstätte

Vom frühen 12. Jahrhundert bis 1524 versammelt sich das Landesthing von Südjütland in Urnehoved nordlich von Kliplev/Klippleff. Zum ersten Mal erwähnt wurde die Thingstätte im Zusammenhang mit dem Tod von König Sven Estridsen, der im Jahr 1074 nach 27 Jahren auf dem Thron auf seinem nahe gelegenen Gut Søderup starb. Einer seiner Nachfolger, der König Erik Emune soll im Jahr 1137 in Urnehoved von einem seiner eigenen Gefolgsleute getötet worden sein. Die halbkreisförmig angeordneten Steine einer Gedenkstätte (nicht genau am originalen Versammlungsort) erinnern an Begebenheiten, die mit der Thingstätte in Zusammenhang stehen.

Das Landesthing in Urnehoved.

169

SØGÅRD / SEEGAARD

Eines der größten Güter

Eine lange und wechselvolle Geschichte vom adeligen Gut zur Kaserne liegt hinter Søgård/Seegaard unmittelbar an der Landstraße von Kruså/Krusau nach Aabenraa/

Vom Adelsgut zur Kaserne - Søgård.

Apenrade. Es gehörte zeitweise zu den größten Gütern des Herzogtums Schleswig. Die heutigen Gebäude stammen überwiegend aus den 30er Jahren des 20. Jahrhunderts. Das alte Herrenhaus war bereits während des Dreißigjährigen Krieges 1643 erst beschossen, dann in Brand gesteckt und nie wieder aufgebaut worden. Mehr als 300 Jahre lang waren die Ländereien im Besitz der Familie Ahlefeldt. Nach dem Tod des letzten Besitzers aus dieser Familie wurde dessen Besitz 1725 zwangsversteigert. Damit wurden auch die bis dahin zusammengehörenden Güter Søgård/Seegaard und Graasten/Gravenstein getrennt. Heute dient Søgård/Seegaard als Trainingscamp des dänischen Heeres. Der angrenzende Wald bietet markierte Wanderwege. Das Naturreservat Søgård-Moor steht seit 1936 unter Naturschutz.

TINGLEV / TINGLEFF

Zentrum der deutschen Minderheit

Für die deutsche Minderheit ist Tinglev/ Tingleff in mehrfacher Hinsicht bedeutsam: Dort besteht eine deutsche Nachschule –

eine in Deutschland unbekannte dänische Schulform für Schülerinnen und Schüler zwischen 14 und 18 Jahren. Das Schuljahr soll nicht nur zu einem besseren Bildungsabschluss verhelfen oder auch auf das Gymnasium vorbereiten, sondern darüber hinaus auch fachliche und soziale Kompetenzen vermitteln.

In Tingleff veranstaltet die deutsche Minderheit jeweils am ersten Sonnabend im November auch den „Deutschen Tag", eine Fest- und Informationsveranstaltung, zu der jeweils rund 500 Gäste aus Deutschland und Dänemark anreisen.

In Tinglev/Tingleff wurde 1923 außerdem die Nordschleswigsche Gemeinde als evangelisch-lutherische „Freigemeinde" in der deutschen Volksgruppe gegründet. Denn nach der Abstimmung 1920, die zum Anschluss des Landesteils an Dänemark führte, waren viele der bisherigen Pastoren nicht in ihren Ämtern verblieben, so dass in einer Reihe von ländlichen Gemeinden keine oder nicht genügend deutschsprachige Gottesdienste mehr stattfinden konnten.

Aus Stoltelund bei Tinglev/Tingleff stammte **Prof. Jens Jessen** (1895–1944). Während des Dritten Reiches hatte sich der renommierte Wirtschaftswissenschaftler vom Anhänger des Nationalsozialismus zum erbitterten Gegner gewandelt. Lange Zeit war Jessens Rolle im Widerstand unterbewertet. Inzwischen gilt er als Vordenker des Attentats vom 20. Juli 1944. Am 30. November 1944 wurde er in Berlin-Plötzensee hingerichtet. Begraben wurde er in Tinglev/Tingleff, in der Gedenkstätte Berlin-Plötzensee erinnert eine Gedenktafel an Jessen.

www.bdn.dk
www.nachschule.dk
www.gdw-berlin.de

Kirche

In ihren ältesten Teilen romanischen Ursprungs ist die Kirche, der Sage nach über einer heidnischen Kultstätte erbaut. Zu den ältesten Ausstattungsstücken gehört das romanische Taufbecken aus Granit, dessen Sockel mit Abbildungen von Menschenköpfen verziert ist. Die prachtvolle Kanzel aus der Zeit um 1614 stammt aus der Werkstatt des Flensburger Bildhauers Heinrich Ringerink. Im Mittelgang der Kirche hängt eine Nachbildung aus dem Jahr 1930 des dänischen Linienschiffs „Alvertine".

Die Kirche von Tinglev.

OLGERDIGET / OLMERSWALL

Wegsperre der Völkerwanderungszeit

Drei Kilometer südlich von Tinglev/Tingleff erstreckt sich über den Hærvej oder Ochsenweg bis hinauf nach Urnehoved eine zwölf Kilometer lange Befestigungslinie aus der Zeit um 200 bis 300 nach Christus. Der **Olmerswall** („Der uralte Wall"), der im Dänischen Olgerdiget oder auch Olmersdiget genannt wird, bildete vermutlich einen Grenzwall zwischen den Jüten und den Angeln im Osten. Ursprünglich, so ergaben archäologische Untersuchungen, bestand die Wegsperre aus Wall, Palisaden und Graben. Heute ist der Wall in der Landschaft nur noch schwach erkennbar, bei Bjerndrup/Behrendorf findet sich ein Hinweis auf einen kleinen wiederhergestellten Abschnitt der Befestigungsanlage.

RØDEKRO / ROTHENKRUG

Brücke über den Ochsenweg

In Rødekro/Rothenkrug westlich von Aabenraa/Apenrade lässt sich ein Teil des alten Ochsenweges verfolgen. Eine der schönen alten Brücken, die ab 1700 die Mühsal des Reisens auf dem „Hærvej" (Heerweg), wie er in Dänemark genannt wird, wenigstens etwas erleichterten, steht noch heute **in Hovslund/Haberslund**, nicht weit von der Autobahnabfahrt von Skovby: die Brücke von **Immervad/Immerwatt** von 1776. Der Begriff „Vad", auf Deutsch „Watt", deutet an, dass die Reisenden vor dem Brückenbau durch eine Furt waten mussten.

„Pottervej", Straße der Töpfer, heißt dieser Abschnitt des Ochsenweges. Einst zogen auf diesem Weg die jütischen Händler und Handwerker mit ihren Keramikgefäßen zu den Märkten.

Als Kriegsbeute nach Berlin

Etwa zwei Kilometer weiter südlich begegnen Wanderer und Radfahrer dem **Hærulf-Stein** aus dem 9. Jahrhundert, so bezeichnet nach dem eingemeißelten altnordischen Männernamen „Hairulfr". Er ist einer der ältesten Runensteine in Dänemark. Diesen tonnenschweren Stein nahm Prinz Friedrich Karl von Preußen, Oberbefehlshaber der preußischen Truppen im Krieg

Die Brücke von Immervad.

von 1864, kurzerhand als Kriegsbeute mit nach Berlin und stellte ihn ab 1869 im Vorgarten seines kleinen Jagdschlosses **„Dreilinden"** auf. Das nahe Landgut des Prinzen, damals als Anerkennung für seine Verdienste in „Düppel" umbenannt, trägt diesen Namen übrigens noch heute. Das Jagdschloss dagegen, im Krieg schwer beschädigt, wurde 1954 abgerissen. Aus der Zeit der Spaltung Deutschlands und des Kalten Krieges bleibt „Dreilinden" nur als Name des Autobahn-Kontrollpunktes von der DDR nach Berlin in Erinnerung. Der Runenstein wurde 1952 an Dänemark zurückgegeben, übrigens durch Vermittlung des in Apenrade geborenen **Ernst Reuter** (1889-1953),

Historisches Monument auf Abwegen: Der Haerulfstein.

173

von 1948 bis zu seinem Tod West-Berliner Oberbürgermeister.

Der Vendersvold

Nördlich von Rødekro erinnert bei Østerløgum „Æ Vold" oder „Vendersvold"

als Rest eines eisenzeitlichen Befestigungswalls aus dem 3. Jahrhundert nach Christi Geburt an kriegerische Zeiten. Von der einst drei Kilometer langen Wallanlage, angelegt zwischen zwei Moorgebieten, sind noch 500 Meter sichtbar.

AGERSKOV / AGGERSCHAU

Denkmale des Ersten Weltkriegs

Am Schnittpunkt der Wege von Haderslev/Hadersleben nach Tønder/Tondern und von Ribe nach Aabenraa/Apenrade liegt Agerskov/Aggerschau. Von einer langen Geschichte zeugen die Kirche aus dem 12. Jahrhundert mit ihren Kalkmalereien und der alte Gasthof, seit 1767 eine königlich privilegierte Gastwirtschaft.

Bunker der Sicherungsstellung Nord aus dem Ersten Weltkrieg.

Sicherungsstellung Nord

Mehr als 800 Bunker, Batterien, Schützengräben, Funk- und Signalstationen wurden ab 1916 zur „Sicherungsstellung Nord" (dänisch: Sikringsstilling Nord) ausgebaut, die sich 50 Kilometer lang von Rømø/Röm im Westen bis zur Djernisser Bucht am Kleinen Belt quer durch das damals deutsche Nordschleswig zog. Die kaiserliche Militärführung fürchtete im Ersten Weltkrieg einen Durchstoß britischer Truppen von Norden. Nach 1920 wurden große Teile der Befestigungsanlage zerstört, etwa 60 Bunker und Unterstände konnten nicht gesprengt werden.

Bei **Rødekro/Rothenkrug** sind Relikte der Anlage sichtbar; vier Batterien blieben auf dem Gebiet der Gemeinde erhalten, darunter die Andholmbatterie (zu erreichen über die Route 24). In **Toftlund** wurde ein Bunker wieder freigelegt. In **Agerskov/Aggerschau** (nahe der Aggerskov Halle) steht eine alte Batterie, ebenso am Strand von **Årøsund**.

JELS

Im Sommer kommen die Wikinger

Bekannt ist der Ort am Ochsenweg heute vor allem durch die Wikingerspiele („Jels Vikingespil"), die jeden Sommer auf der Freilichtbühne am See stattfinden. Besiedelt war die Gegend jedoch bereits zu Zeiten der Rentierjäger etwa 12 000 v. Chr., wie Ausgrabungen gezeigt haben. Beliebt bei Anglern sind die Seen von Jels. Wahrzeichen des Ortes ist die 1859 errichtete Windmühle.
www.jelsvikingespil.dk

Die Mühle von Jels.

SOMMERSTED / SOMMERSTEDT

Geschichte der Glocken

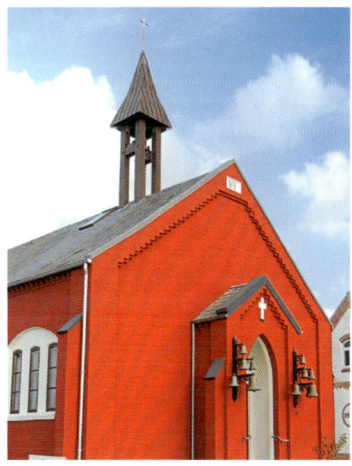

Das kleine Bethaus von Over Lerte beherbergt das dänische **Glockenmuseum** (Dansk Klokkemuseum). Damit soll ein Stück Kulturgeschichte von der Kirchen- bis zur Tierglocke bewusst gemacht werden, die im Zeitalter der Elektronik unterzugehen droht. In die alte Schule von 1856 gleich nebenan ist das Sønderjysk Skolemuseum, das südjütische Schulmuseum, eingezogen.
Farrisvej 10 und Farrisvej 12,
DK-6560 Sommersted
www.klokkemuseum.dk
www.sonderjysk-skolemueseum.dk

Das Glockenmuseum von Sommersted.

175

VOJENS / WOYENS

Nostalgische Bahnfahrten

Ein verhältnismäßig junger Ort ist Vojens/Woyens, der rund um einen Eisenbahnknotenpunkt gewachsen ist und von seiner Lage zwischen Autobahn und Eisenbahn profitiert. Motorradfahrer kennen den Ort dank der Speedway-Bahn, die der dänische Weltmeister Ole Olsen dort 1975 eröffnete.

Für alle Liebhaber nostalgischer Eisenbahnfahrten: Gezogen von einer Dampflok aus dem Jahr 1914 verkehrt im Sommer und in der Vorweihnachtszeit die **„Haderslev-Vojens-Banen"** zwischen den beiden Orten; betrieben wird sie ehrenamtlich von einem Verein.
www.veteranbanen-haderslev-vojens.dk

Museum

Zwei Namen waren entscheidend für die Entwicklung des Ortes: Hans und Aage Gram, die zu Beginn des 20. Jahrhunderts eine Dorfschmiede zu einem modernen Unternehmen für Kältetechnik ausbauten. **„Brødrene Gram"** (die Gebrüder Gram)

wurden in Dänemark zu einem Begriff. Kühlschränke, Gefriertruhen oder auch Eismaschinen trugen ihren Namen um die Welt. Das Unternehmen – inzwischen mehrfach verkauft – produziert unter leicht geändertem Namen immer noch. „Brødrene Gram Arkiv og Museum"/Museum und Archiv der Gebrüder Gram widmen sich der Geschichte des Unternehmens (unregelmäßige Öffnungszeiten).
www.Broedrene-gram.dk, www. gram.dk

Abstecher: Vedsted / Wittstedt

In der Nähe von Vedsted/Wittstedt, südlich von Vojens/Woyens, liegt bei Holmshus eine der beeindruckendsten **Grabanlagen** Jütlands. Die Anlage aus der Steinzeit, entstanden etwa 3200 v. Chr., besteht aus zwei über hundert Meter langen parallelen Dolmen. Über der Kammer des Dolmen liegt ein sieben Tonnen schwerer Deckstein.

SKRYDSTRUP

Mädchen aus der Bronzezeit

Ein Militärflugplatz und ein Mädchen aus der Bronzezeit haben den Ort in der unmittelbaren Nachbarschaft von Vojens/Woyens auf der Geest bekannt gemacht.

1935 wurde ein paar Kilometer südöstlich von Skrydstrup auf einem Hügel am Ochsenweg ein Sarg aus Eichenholz mit der Leiche eines etwa 18 Jahre alten Mädchens aus der Bronzezeit (um 1350 vor Chr.) ausgegraben. Nach seiner Konservierung wird der Fund heute im Nationalmuseum in Kopenhagen ausgestellt. Im „Haderslev Museum" wird eine Kopie der außergewöhnlich gut erhaltenen Kleidung des Mädchens gezeigt.

Bei späteren Ausgrabungen wurde 1993 ein bronzezeitlicher Bauplatz entdeckt – vielleicht das Heim des Skrydstrup-Mädchens, das ursprünglich vielleicht aus Mitteldeutschland oder Böhmen stammte.

Eine Anzahl von Hünengräbern aus der frühen Bronzezeit (etwa 2200 v. Chr.) an der Landstraße zwischen Vojens und Over Jerstal zeigt, dass die Geest hier schon frühzeitig besiedelt war.

Eine Anzahl von Hünengräbern aus der frühen Bronzezeit (etwa 2200 v. Chr.) an der Landstraße zwischen Vojens und Over Jerstal zeigt, dass die Geest hier schon frühzeitig besiedelt war.

Aus dem 14. Jahrhundert stammt die weiß gekalkte **Kirche** von Skrydstrup. Eine Gedenktafel erinnert daran, dass die Kirche im Zweiten Weltkrieg wegen des nahen Flugplatzes geschlossen wurde.

1943 hatten die deutschen Besatzer diesen Flugplatz angelegt. Nach dem Krieg wurde er von der dänischen Luftwaffe weitergenutzt, 1965 dann auch für die zivile Luftfahrt geöffnet; heute als „Vojens lufthavn" bezeichnet. Zwischen 1945 und 1948 lebten rund 4 000 deutsche Flüchtlinge auf dem Flugplatz und in einem nahen Barackenlager.

KONGEÅ / KÖNIGSAU

Grenze zum Königreich

Jahrhunderte lang bildete die Kongeå/Königsau, die nördlich von **Ribe** in die Nordsee mündet, über weite Strecken ihres 65 Kilometer langen Flusslaufes die Grenze – vor allem: die Zollgrenze – zwischen dem Herzogtum Schleswig und dem Königreich Dänemark. Nach 1867 trennte sie Dänemark und Preußen, von 1871 bis 1920 Deutschland und Dänemark.

Die Grenzstation an der Kongeå (Königsau) nach 1871.

177

An jene Zeiten erinnern „Den Gamle Grænsekro" zwischen Kolding und Christiansfeld, eine alte Gastwirtschaft, deren Geschichte um 1600 beginnt, oder auch der „Foldingbro Kro". Bei Skodsborg stand im Mittelalter eine Burg, dort überquerte der Ochsenweg die Grenze. An der Stelle mussten auch die Ochsentreiber ihre Abgaben entrichten.

Auch die wuchtige **Burg von Kolding** an der Ostküste entstand als Grenzfestung zum Schutz des dänischen Reiches. Der dänische König Erik Klipping (reg. 1259-1286) ordnete ihren Bau im Jahr 1268 an. Ein verheerender Brand im Jahr 1808 hinterließ für lange Zeit eine malerische Ruine. Nach Restaurierung und Ergänzung im Inneren durch kühne moderne Architektur-Elemente dient das Schloss jetzt als Museum und Ort wechselnder Ausstellungen. Koldinghus1, DK-6000 Kolding
www.koldinghus.dk

Der historische Grenz-Krug.

Die wuchtige Burg Koldinghus.

Museum

Zwischen 1867 und 1920 war der Bahnhof von **Vamdrup** Grenzstation zwischen Preußen bzw. Deutschland und Dänemark. Das **„Kongeå Museet"** im alten Bahnhof widmet sich dieser Zeit, unter anderem mit einer großen Modelbahnanlage.

Kongeaa Museet
Jernbanegade 7, DK-6580 Vamdrup
www.kongeaamuseet

ZEITTAFEL – SCHLESWIG-HOLSTEIN ZWISCHEN DEUTSCH UND DÄNISCH

811 Abgesandte zwischen Kaiser Karl dem Großen und dem dänischen König einigen sich auf die Eider als gemeinsame Grenze.

1460 Der dänische **König Christian I.** wird in Ribe (deutsch: Ripen) von der Ritterschaft zum Herzog von Schleswig und zum Grafen von Holstein gewählt. Kaiser Friedrich III. ernennt ihn 1474 zum Herzog von Holstein.
Das Herzogtum Schleswig ist dänisches Lehen, Holstein als deutsches Lehen Teil des Heiligen Römischen Reiches. Christian I. verspricht im Vertrag von Ripen **„dat se bliven ewich tosamende ungedelt"** („….dass sie für immer ungeteilt zusammenbleiben"). Ein Satz, der sich nach Ansicht mancher modernen Historiker nur auf die Regierungszeit Christians I. beziehen sollte. Im 19. Jahrhundert wurde der Satz zu einem „up ewig ungedeelt" verkürzt.

1544 Durch Erbteilung des dänischen Königshauses entsteht das **Herzogtum Schleswig-Holstein-Gottorf.**

1700-21 **Nordischer Krieg** um die Vorherrschaft in der Ostsee. Die Gottorfer Herzöge stellen sich auf die Seite Schwedens und damit auf die Verliererseite. Dänemark zieht das Herzogtum Schleswig-Holstein-Gottorf als „verwirktes Lehen" ein; es bleibt bis 1773 nur rund um Kiel ein Restherzogtum Holstein-Gottorf.

1773 **Dänischer Gesamtstaat** als übernationaler und vielsprachiger Staatsverband unter einer Krone. Am Ende der Napoleonischen Kriege muss Norwegen 1814 an Schweden abgetreten werden, 1815 kommt Lauenburg neu zum Gesamtstaat dazu.

1815 Gründung des **Deutschen Bundes** nach dem Ende des Heiligen Römischen Reiches Deutscher Nation im Jahr 1806. Der dänische König wird als Herzog von Holstein und von Lauenburg ebenfalls Mitglied.

1830 Sowohl auf deutscher wie auf dänischer Seite wachsen mit dem aufkeimenden Nationalismus die Spannungen. Die **„Eiderdänen"** wollen Schleswig bis zur Eider einem dänischen Nationalstaat einverleiben, die **„Schleswig-Holsteiner"** wünschen sich einen Bundesstaat Schleswig-Holstein als Teil eines deutschen Nationalstaates. Der **Sylter Uwe Jens Lornsen** gibt seine Schrift „Über das Verfassungswerk in Schleswigholstein" heraus.

1840 Per Verordnung („Sprachreskript") wird allein **Dänisch** in Nordschleswig zur Verwaltungssprache, ab 1851 weiter südlich auch zur Schulsprache

1848 Im europäischen Revolutionsjahr kommt es auch zu **Demonstrationen** in Kopenhagen. Sie führen zum Ende des Gesamtstaates und der absolutistischen Herrschaft in Dänemark. Die neue dänische Regierung strebt eine nationale dänisch-schleswigsche Einheit an.

1848-51 Schleswig-Holsteinische Erhebung, auf dänisch „oprør" (Aufruhr) genannt mit „Drei-Jahres-Krieg", dem ersten der schleswigschen Kriege, den die Schleswig-Holsteiner verlieren. Zeitweilig wird Schleswig-Holstein von Preußen und anderen deutschen Staaten unterstützt.

1852 Dänemark verpflichtet sich gegenüber den Großmächten Großbritannien, Frankreich, Russland, Preußen und Österreich im **„Londoner Protokoll"**, die Herzogtümer als getrennte, selbständige Einheiten aufrechtzuerhalten.

1863 Der dänische König Christian IX. unterschreibt am 18. November eine neue Verfassung, die das Herzogtum Schleswig in das Königreich integriert. Dies führt 1864 zum Deutsch-Dänischen Krieg.

1864 Nach der entscheidenden Niederlage bei den **Düppeler Schanzen** im April 1864 tritt Dänemark die Herzogtümer Schleswig, Holstein und Lauenburg an Preußen und Österreich ab.

1867 Schleswig-Holstein wird preußische Provinz, nachdem Österreich 1866 den Krieg gegen Preußen verloren hat.

1871 Preußische **Schulsprachenverordnung**; 1876 wird Deutsch einzige Verwaltungssprache in Nordschleswig.

„Erstürmung der Insel Alsen durch die Preußen", ein Gemälde von Wilhelm Camphausen, 1866.

1914-18 Erster Weltkrieg: Dänemark bleibt neutral.

1920   **Volksabstimmung** in zwei Zonen als Folge des Versailler Vertrags. Nördlich von Flensburg wird überwiegend für Dänemark votiert, in der „Zone zwei" südlich der heutigen Grenze mehrheitlich für Deutschland.
Im südlichen Dänemark entsteht damit eine deutsche Minderheit, in Schleswig-Holstein eine dänische.

1939-45 Zweiter Weltkrieg: Dänemark ist vom 9. April 1940 bis zum 5. Mai 1945 von deutschen Truppen besetzt.

1955   **Bonn-Kopenhagener Erklärungen**: In zwei getrennt abgegebenen Erklärungen bestätigen die deutsche und die dänische Regierung das freie Bekenntnis der Minderheiten zur jeweiligen Volkszugehörigkeit und ihre Anerkennung als gleichberechtigte Bürger in ihrem Herbergsstaat. Dies ist ein wesentlicher Schritt vom Gegen- zum Miteinander.

LITERATURVERZEICHNIS

Adriansen, Inge: Det sønderjyske kaffebord – et samspil mellem nationalpolitik og kosttradition, Grænseforeningens Årbog 1998

Adriansen, Inge und Christensen, Jens Ole: Der Erste Schleswigsche Krieg 1848-1851, Sønderborg 2015

Bethge, Lars Erik und Hardt, Nis: Danewerk, Bauwerk der Superlative und Erbe der Welt, Dannewerk 2020

v. Carnap-Bornheim, Claus u. Segschneider, Martin (Hrsg.): Die Schleiregion, Darmstadt 2012

Elsner, Hildegard: Haithabu: Schaufenster einer frühen Stadt, Schleswig 2004

Jessel, Hans (Hrsg.): Das große Sylt-Buch, Hamburg 1994

Hilberg, Volker, Rösch, Felix, Schimmer, Michaela: Zwischen Wikinger und Hanse – Der Übergang von Haithabu nach Schleswig; in: Archäologische Nachrichten 2012

Historisk Samfund for Sønderjylland (Hrsg.): Sønderjylland A-Å, Aabenraa 2011

Laur, Wolfgang: Historisches Ortsnamenlexikon von Schleswig-Holstein, Schleswig 1967

Laur, Wolfgang: Runendenkmäler in Schleswig-Holstein und in Nordschleswig, Schleswig 2009

Lorenzen-Schmidt, Klaus-Joachim u. Pelc, Ortwin (Hrsg.): Das neue Schleswig-Holstein Lexikon, Neumünster 2006

Krieger, Martin, Lubowitz, Frank und Frandsen, Steen Bo (Hrsg.): 1200 Jahre Deutsch-Dänische Grenze, Neumünster 2012

Maixner, Birgit: Haithabu – Fernhandelszentrum zwischen den Welten, Schleswig 2012

Meier, Dirk: Schleswig-Holstein im Frühen Mittelalter, Heide 2011

Post, Barbara u. Lipsky, Stefan: Faszination Wikinger – ein Reiseführer; Darmstadt 2017

Rauterberg, Claus: Kirchen in Angeln und ihre Kunstschätze

Thiesen, Erich: Eider – Treene – Sorge, Schleswig 2011

VHS Kappeln (Hrsg.): Kappeln – Stadt an Schlei und Ostsee, Kappeln 1997

Wenzel, Eiko und Gram, Henrik: Zeitzeichen – Architektur in Flensburg, Handewitt 2017

FOTOHINWEISE

ALSH (31)
Diercks, Dr. Willy (159)
Hallmann, Harro (151)
Hochschule Flensburg (91u)
Matzen, H. (64, 102)
Robbe & Berking (85, 2x)
Sammlung Dr. K. Alberts (149)
Sammlung H. Bröcker (80, 81)

Sammlung Stefan Lipsky (62, 93u, 129, 136, 137, 161, 177)
Stiftung Schleswig-Holst. Landesmuseen Schloss Gottorf (21, 22, 23, 24, 25)
Voss, Alexander (13)
Wenzel, Eiko (73)
Wikinger Museum Haithabu (32, 33, 34, 35)
Alle anderen Fotos: Stefan Lipsky

ORTSVERZEICHNIS DEUTSCHLAND

Arnis/Schlei	54	Haddeby/Schlei	43	Maasholm/Schlei	64	Schwabstedt	72
Aschberg	146	Haithabu/Schlei	31	Missunde/Schlei	47	Sieseby/Schlei	52
		Harrislee	92	Munkbrarup	97	Sörup	44
Boren	51	Havetoft	72			Stexwig/Schlei	42
Borgwedel/Schlei	42	Hollingstedt	72	Norderbrarup	72	Süderbrarup	68
Brodersby/Schlei	47	Hude	72				
		Husby	72	Oeversee	69	Tarp	71
Dannewerk	37			Olpenitz/Schlei	62	Tolk	68
		Idstedt	69			Treia	71
Eggebek	71			Quern	100		
Ellenberg/Schlei	61	Kappeln/Schlei	56			Ulsnis/Schlei	49
		Kosel/Schlei	46	Rabel	42		
Flensburg	72			Rieseby	48	Wackerballig	101
Gelting	101	Langballig	98			Wallsbüll	94
Glücksburg	95	Lindaunis/Schlei	50	Schleimünde/Schlei	67	Winnemark	53
		Louisenlund/Schlei	46	Schleswig/Schlei	10	Winningmay/Schlei	42

ORTSVERZEICHNIS DÄNEMARK
(nach deutschem Alphabet)

Aabenraa/		Frøslev/Fröslee	163	Kolding	178	Sandbjerg	137
Apenrade	138	Fynshav	130	Kollund	105	Skamlingsbanke	160
Agerskov/				Kruså/Krusau	104	Søgård/Seegaard	170
Aggerschau	174	Gammel Pøl/					
Årøsund	147	Gammelpöhl	133	Løjt/Loit	142	Sommersted/	
Augustenborg/		Gråsten/		Løgumkloster/		Sommerstedt	175
Augustenburg	123	Gravenstein	109	Lügumkloster	141	Sønderborg/	
		Gram/Gramm	155			Sonderburg	117
Ballebro	137			Mommark/		Sundeved/	
Barsø	144	Haderslev/		Mummark	130	Sundewitt	134
Bommerlund	167	Hadersleben	150				
Bov/Bau	162	Høruphav/		Nordborg/Norburg	125	Tinglev/Tingleff	170
Broager/Broacker	111	Höruphaff	131	Nydam	134	Tørning/Törning	155
Christiansfeld	158	Jels	175	Okseøer/		Urnehoved	169
				Ochseninseln	106		
Dybøll/Dübbel	115	Kalvø/Kalö	145			Vamdrup	178
Dyvig/Düwig	127	Kegnæs/Kekenis	132	Rinkenæs/Rinkenis	107	Vedsted/Wittstedt	176
		Kliplev/Klippleff	168	Rødekro/			154,
Egen/Eken	124	Knivsbjerg/		Rothenkrug		Vojens/Woyens	176
Egernsund/		Knivsberg	146				
Ekensund	108						

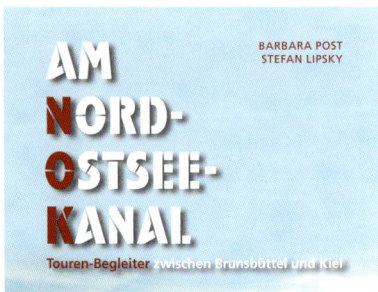

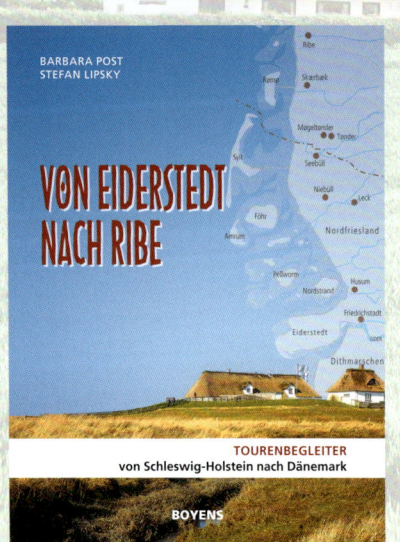